Super Omnia Bonae Voluntatis

Reflexiones de un monje poco común

ELOGIOS para *Reflexiones de un monje poco común*

«Los sabios y los intelectuales son como las coquetas; uno puede verlos y hablar con ellos, pero no hagas de uno tu esposa o ministro».
—Napoleón Bonaparte
Emperador de Francia

«Toda actividad que se realiza con un corazón puro está destinada a dar frutos, sean o no visibles».
—Mahatma Gandhi
Hombre santo

«El éxito no es un accidente. Es trabajo duro, perseverancia, aprendizaje, estudio, sacrificio y, sobre todo, amor por lo que haces o aprendes a hacer».
—Pelé
Leyenda del fútbol

«Todo tiene belleza, pero no todo el mundo la ve».
—Confucio
Uno de los tres Reyes Magos que visitaron a Jesús en su Epifanía

«Una persona que nunca cometió un error nunca intentó nada nuevo».
—Albert Einstein
Genio

«Acércate a ella, y no hay principio; síguela, y no hay fin. No puedes conocerla, pero puedes serla, a gusto en tu propia vida».
—Lao Tzu
Autor de *Tao Te Ching*
El segundo de los Reyes Magos en visitar a Jesús en su Epifanía (Gandhi fue el tercero)

«Tengo la sensación de que ya no estamos en Kansas».
—Dorothy en *El mago de Oz*
Actriz

Serie Un héroe es elegido
Historias heroicas de los santos

Libro primero

Reflexiones de un monje poco común
Hacia una teología de la santidad heroica

Libro segundo

La misión de la Doncella
La historia heroica de Juana de Arco

Libro tercero

El buen siervo de Dios y del rey
La historia heroica de Tomás Moro

Libro cuarto

Rey de reyes
La historia heroica de Jesús de Nazaret

Libro quinto

Fraile, sacerdote y mártir
La historia heroica de Maximiliano Kolbe

Libro sexto

Una historia de vocación jamás contada
Un relato heroico de futuros santos

Libro séptimo

Versículos bíblicos de héroes
Meditaciones de un santo

Reflexiones de un monje poco común

Hacia una teología de la santidad heroica

Hermano Emmanuel Labrise, O. S. B.

Un héroe es elegido

Libro primero

Saint Joseph Books

Saint Joseph Books
Saint Benedict, LA

Título en inglés: *Reflections of an Uncommon Monk: Toward a Theology of Hero-Sainthood*
Traducción: Marina Lorenzín
Edición: Giselle Sordián
Portada e ilustraciones de cubierta: Sam Wall
Ilustraciones interiores: Izabela Ciesinska

ISBN 978-1-963123-10-4 (tapa dura)
ISBN 978-1-963123-11-1 (tapa blanda)
ISBN 978-1-963123-12-8 (libro electrónico)

Impreso por primera vez en 2025.

Índice

Presentación de la serie

Reflexiones de un monje poco común es el primer libro de la serie *Un héroe es elegido*, y sirve de base espiritual y moral. A partir del segundo libro, *La misión de la Doncella*, todas las historias se basan en las cuestiones y temas introducidos en *Reflexiones de un monje poco común*. El objetivo principal de esta serie es transmitir principios espirituales cristianos y enseñar virtudes morales en el contexto de historias de héroes y santos.

Conviene señalar aquí el concepto central y los temas predominantes en cada libro, empezando por *La misión de la Doncella*. Cada relato, ya sea histórico o ficticio, narra la historia de uno o varios héroes santos llamados por Dios a una vocación particular y elegidos por él para cumplir una misión personal. El contexto histórico es crucial. Una gran parte de cada libro se dedica a situar al protagonista en su entorno histórico, en el que se le ofrece la oportunidad de realizar una tarea o una serie de tareas, y de padecer un acontecimiento o una serie de acontecimientos que lo cualifican para ser un héroe santo. En todos los casos, excepto en el de Remmy Kimm, que aparece en el relato de ficción *Una historia de vocación jamás contada*, esto ocurre durante la última parte de sus vidas. Algunas veces dura años; otras, tan solo un día.

El marco temporal es menos importante que el propio acontecimiento o momento heroico. Uno puede convertirse en héroe santo a través de un único acto heroico al final de su vida o a través de toda una vida de servicio desinteresado. Dom Tom Mo, el otro protagonista de *Una historia de vocación jamás contada*, fue llamado a sacrificar su vida por los pasajeros de su nave espacial en el transcurso de unas pocas horas. Remmy Kimm, por su parte, fue llamada a años de servicio misionero y a sobrevivir a una experiencia cercana a la muerte. Ambos son mártires: uno rojo (sangre, muerte) y una blanca (servicio desinteresado a los demás).

La posición que uno ocupa en la vida cuando es llamado también es menos importante que el acontecimiento y el momento heroicos. Juana de Arco fue llamada desde el anonimato a una misión pública que duró menos de un año y que culminó con su muerte en la hoguera como hereje. Tomás Moro fue llamado desde la prominencia para sacrificar su alta posición en la sociedad inglesa e incluso su vida por lealtad a la fe que había profesado. Jesús de Nazaret también fue llamado desde el anonimato a un ministerio público que duró unos tres años y que terminó con su crucifixión. El acontecimiento y el momento heroico también eclipsan cualquier competencia o riqueza que uno posea cuando es llamado. Con la posible excepción del santo Tomás Moro, todas son historias de marginados.

Cabe hacer una última observación sobre el lugar que estos libros ocupan en el ámbito de la literatura. En mi opinión, ninguno de los libros de esta serie —ya sean históricos o de ficción— es, en sentido estricto, una obra biográfica, histórica o de ficción, aunque contenga relatos biográficos, contenido histórico o ficción. Mucho menos son hagiografías, aunque se traten de la vida de santos canonizados. Se trata, más bien, de relatos de héroes santos que pertenecen al género de la literatura cristiana de no ficción.

Quienes aprecien las obras de Joseph Campbell, especialmente su escrito más influyente, *El héroe de las mil caras*, quizá encuentren algo valioso en las páginas de estos libros. Sin embargo, no he intentado modelar los personajes de ficción según sus escritos ni he intentado enmarcar la narración de estas historias de personajes históricos reales basándome en su trabajo sobre el mito y las figuras míticas. Más bien, me siento atraído por el arquetipo y el comportamiento arquetípico del héroe santo que yace en lo más profundo del inconsciente de todo ser humano, al menos si se admite la teoría de Jung. Este arquetipo, como tantos otros, se manifiesta en películas, libros, arte y representaciones públicas de todas las épocas, desde la antigüedad hasta el cine popular de hoy. El arquetipo del héroe santo es el que sirve de base psicológica para las historias de esta serie.

Me ha parecido útil ofrecer un breve léxico de términos en el que el lector pueda enfocarse. Sin embargo, no puedo ofrecer definiciones para cada uno de ellos, ya que existe cierta fluidez de significado dependiendo de la vida de cada persona. Al menos la mención de ellos ayudará a que el lector sea consciente de los aspectos importantes de cada historia, y de la temática y el carácter de esta serie. El léxico aparece en la página siguiente.

Léxico de términos

1. Acontecimiento heroico
2. Arenas del tiempo
3. Aventura del héroe
4. Búsqueda del héroe
5. Caminante
6. *Deus ex machina*
7. Experiencia culminante
8. Experiencia en el desierto
9. Héroe santo
10. Historia heroica
11. Mareas de la historia
12. Ministerio
13. Misión
14. Momento heroico
15. Muerte que conduce a la eternidad
16. Océanos de eternidad
17. Peregrinación
18. Peregrino
19. Propósito en la vida
20. Purificación
21. Realización en la vida
22. Recompensa
23. Santidad
24. Santidad personal
25. Santificación
26. Santo en ciernes

Libro primero

Reflexiones de un
monje poco común

Introducción del libro primero

Cada libro es una especie de viaje, y el recorrido que emprenderás a través de este humilde y pequeño libro es una metáfora del viaje que todos emprendemos por la vida. *Reflexiones de un monje poco común* trata sobre la vida y la muerte, la peregrinación y la búsqueda, el destino y la eternidad.

El viaje de este libro comienza en la portada. Su ilustración sirve de representación visual o fotográfica de ese viaje. Al igual que los vitrales de una iglesia están diseñados para enseñar y contar una historia, el simbolismo de las ilustraciones en la portada resume el contenido de este libro y pretende transmitir un mensaje. La parte superior del cielo en el desierto al anochecer apunta hacia el futuro y el universo, que es en sí mismo un símbolo de eternidad, y conecta con la primera reflexión: «Todo comienza con un sueño». Los sueños son el primer paso hacia la realización de algo futuro. Todos los sueños miran hacia delante, hacia arriba, hacia fuera y hacia más allá. Se proyectan hacia el futuro y, en un sentido muy real, hacia la eternidad, porque el futuro es eterno, y la eternidad es el futuro para todos nosotros. Este libro comienza con un sueño.

La parte inferior de la portada representa la tierra sobre la que caminamos y viajamos por la vida. El monje somos tú y yo, y su viaje por el desierto representa tu viaje y el mío por la vida. El horizonte hacia el cual viaja el monje tiene un elemento terrenal y temporal, y otro eterno y celestial. Todos viajamos hacia ese horizonte, voluntaria o involuntariamente. Nuestros sueños y la forma en que vivimos nuestras vidas en la tierra ayudarán a dar forma a nuestro destino final y a cómo pasaremos la eternidad, pero el aspecto más importante de este misterio es lo que Dios quiere para nosotros. Es una verdad espiritual fundamental que uno siempre consigue lo que quiere cuando se trata de Dios, pero también deberíamos preguntarnos si Dios siempre consigue lo que quiere cuando se trata de nosotros.

Nuestro viaje por la vida, al igual que nuestro viaje a través de este libro, ya sea que lo admitamos o no, es esencialmente solitario y, al mismo tiempo, comunitario. La soledad del desierto, un lugar buscado por los monjes desde los orígenes del monacato, cristiano o no, puede ser un *lugar* como el Sáhara o el desierto de Judea, pero siempre supone un *estado* de oración, contemplación y proximidad a Dios. La ilustración final que sigue al epílogo representa el ambiguo cumplimiento del viaje del monje y el nuestro, a medida que las huellas desaparecen en los vastos desiertos del tiempo, y en los lejanos horizontes del futuro y la eternidad. No sabemos cómo se desarrolló el viaje del monje ni adónde lo condujo su camino, pero sabemos que su viaje tenía un propósito, y que nosotros también estamos en un viaje, tengamos o no un propósito.

Este libro comienza con un sueño y termina en la eternidad. Es un viaje cuyo camino es el del discipulado que culmina en la santidad personal, y las huellas de la ilustración final representan el camino de quienes lo recorren. Para unos pocos elegidos, el camino es el del discipulado audaz que conduce a la santidad del héroe.

Reflexiones de un monje poco común se compone de veintisiete reflexiones espirituales que proporcionan el fundamento moral y espiritual para las historias heroicas de esta serie. A veces, la conexión entre la verdad espiritual o moral y el relato histórico o de ficción es evidente, como ocurre con los títulos de los capítulos que remiten a un elemento de la reflexión «Un héroe es elegido». La mayoría de las veces, la conexión es implícita, como en la reflexión «El cumplimiento del tiempo», que es universal en todos estos libros. El lector diligente se beneficiará más si lee las historias a la luz de las reflexiones. No debería ser un ejercicio demasiado difícil, y valdrá la pena.

Al final de este libro, hay varias páginas en blanco reservadas para anotaciones. Si encuentras algo especialmente significativo para ti, anota el número de la página y cualquier pensamiento que consideres digno de recordar. Al terminar tu viaje, puedes repasar esas notas como medio complementario de crecimiento personal. Considéralo una especie de diario.

Porque, aunque vivimos en la carne, no combatimos con medios carnales. No, las armas de nuestro combate no son carnales, pero, por la fuerza de Dios, son suficientemente poderosas para derribar fortalezas. Por eso destruimos los sofismas y toda clase de altanería que se levanta contra el conocimiento de Dios, y sometemos toda inteligencia humana para que obedezca a Cristo.

2 Corintios 10:3-5

1

Todo comienza con un sueño

He oído decir que hay dones que *ciertamente* recibiremos de Dios tanto si rezamos por ellos como si no, que hay dones que *nunca* recibiremos de Dios tanto si rezamos por ellos como si no, y que hay dones que *solo* recibiremos de Dios si rezamos por ellos.

Todo comienza con un sueño.

Luego viene la oración.

Después, la esperanza.

~

Todos tenemos sueños, pequeños y grandes. Sin embargo, hay momentos en la vida de algunos de nosotros en los que un sueño se eleva por encima de los demás, un pensamiento o visión global que da sentido a nuestra vida y que sirve como una especie de principio organizador central. Algunos sueños cambian el mundo.

Martin Luther King tenía un sueño. «Tengo un sueño...», dijo y rezaba al respecto. Amaba tanto su sueño que estaba dispuesto a morir por él. A veces, pienso que el carácter de una persona se mide por lo que está dispuesta a sacrificar por lo que más valora. Algunos sueños son así de valiosos. Por algunos, merece la pena morir.

No sé si Henry Ford rezaba, pero sé que tenía un sueño. Reconocía los grandes beneficios que el automóvil, recién inventado, podía aportar a los estadounidenses y al país en su conjunto. Pensó que podría idear una forma de producir, en serie, un automóvil duradero y de fácil mantenimiento que pudiera vender a un precio asequible. El historiador Paul Johnson escribió sobre Ford: «Ilustró el poder, que todos los historiadores aprenden a reconocer, de una buena pero simple idea que se persigue con determinación, por un hombre de voluntad implacable». No hay nada perfecto en este mundo, y la industrialización ha tenido un coste, pero no cabe duda de que los vehículos motorizados han mejorado la calidad de vida de miles de millones de personas. Hay sueños por los que merece la pena vivir, y hay gente que vive para ver sus sueños hechos realidad.

Los sueños pueden ser poderosos, y algunos hasta pueden ser dolorosos y peligrosos. Es prudente ser cuidadosos con los sueños y los deseos. Algunos sueños tienen consecuencias eternas. Un viejo monje me enseñó una vez que siempre obtenemos lo que deseamos cuando se trata de Dios. No se refería a deseos superficiales y transitorios que implican alguna ganancia temporal sin relación con nuestro bien espiritual. Se refería, en cambio, a esos deseos que yacen en lo más profundo de nuestros corazones, los que sobreviven hasta la eternidad. Los antiguos griegos nos dejaron un gran consejo: «Conócete a ti mismo», y la única manera de conocerse de verdad es pasar tiempo de calidad en silencio y soledad, en profunda autorreflexión y meditación regularmente. Las Escrituras enseñan lo tortuoso que es el corazón del hombre (Jeremías 17:9). ¡Conócete a ti mismo! Lo que no conocemos puede hacernos daño.

Los sueños también pueden ser costosos y, a veces, inútiles. Hay un vertedero de sueños rotos en los anales de la historia de la humanidad, lleno de historias de vidas rotas, esperanzas destrozadas, puentes quemados y sueños hechos añicos. Algunas personas reaccionan con acciones que no hacen más que agravar su desgracia, como hicieron quienes se arrojaron por una ventana al principio de la Gran Depresión porque sus aspiraciones económicas estaban arruinadas.

Aunque no en la misma línea que alguien cuyo sueño depende de una realización futura, Fantine, en la versión musical de *Los Miserables*, canta: «Soñé un sueño...», anhelando y soñando con algo que nunca podría volver a tener, y viendo a su sueño sustituido por una vida de miseria y pobreza. Ella es un dramático ejemplo literario de alguien que pasó de «vivir el sueño» a la pesadilla de «este infierno que estoy viviendo». Sin embargo, bien está lo que bien acaba y, finalmente, se recuperó. Al concluir la historia, le canta «Ven conmigo...» al hombre que crio a su hija hasta la edad adulta tras su muerte prematura. Llegó al cielo, y ahora iba a devolverle el favor. La moraleja es que, aunque nuestros sueños terrenales se hagan añicos, aún podemos resurgir como el ave fénix de las cenizas de la ruina. Hay otra vida y otro mundo más allá de esta realidad terrenal, existe un lugar mejor en el que esperar y donde los sueños eternos aún pueden cumplirse.

En una entrevista televisiva en *Firing Line with Margaret Hoover*, la supermodelo Paulina Porizkova dijo que «las mejores cosas de la vida no son fáciles». Los mejores sueños de la vida no son fáciles ni baratos. Los mejores sueños de la vida duran hasta la eternidad.

Incluso los monjes tienen sueños. Quiero aprender y crecer. Quiero convertirme en santo.

> Mi misión es llegar a ser santo y extender el reino del amor de Dios, para la gloria de Dios y el bien de todos.

Comienza con un sueño. Luego le sigue la oración.

> Pidan y se les dará; busquen y hallarán; llamen y se les abrirá la puerta. Porque el que pide, recibe; el que busca, encuentra; y se abrirá la puerta al que llama. (Mateo 7:7-8)

Luego vienen el valor y la esperanza.

> Por eso les digo: todo lo que pidan en la oración, crean que ya lo han recibido y lo obtendrán. (Marcos 11:24)

Después viene el sufrimiento. Luego el amor.

¿Cuál es tu sueño?

2

El cumplimiento del tiempo

El equipo de baloncesto femenino de la Universidad Estatal de Luisiana (LSU) acababa de ganar el primer campeonato nacional de su historia, y Kim Mulkey, la entrenadora en jefe de LSU durante su segundo año, estaba eufórica. En una entrevista en la cancha después del partido, parecía la personificación de la alegría y la gratitud, y mencionó dos veces que se sentía «bendecida».

Tras un exitoso desempeño como entrenadora de baloncesto femenino de la Universidad de Baylor, que incluyó tres campeonatos nacionales, Mulkey decidió que había llegado el momento de regresar a su estado natal, Luisiana, cuando aceptó una oferta para convertirse en la entrenadora en jefe de LSU. Tras ganar el campeonato nacional en su segundo año, la mayoría coincidió en que el programa estaba progresando mucho antes de lo previsto.

En un acto de bienvenida, unos días después del torneo de la NCAA, Mulkey se paró en el centro del escenario con su equipo y se dirigió a la multitud que se había reunido en el lugar donde la

LSU juega sus partidos locales. Refiriéndose al hecho de que había vuelto «a casa» tan solo dos años antes, dijo: «El momento oportuno lo es todo en nuestras vidas». Mulkey sostiene que, entre sus muchas bendiciones —y arduo trabajo—, el tiempo correcto ha contribuido como un factor clave para su éxito.

El momento oportuno es una bendición de la que todos deberíamos disfrutar, aunque muy pocos de nosotros lleguemos a ganar un campeonato nacional. Las Escrituras dicen que hay un tiempo para todo bajo el sol: «Un tiempo para nacer y un tiempo para morir, un tiempo para plantar y un tiempo para arrancar lo plantado» (Eclesiastés 3:2). Los antiguos griegos concebían el tiempo como *cronos* y *kairos*. *Cronos* es el tiempo que se mantiene según un reloj, un calendario o algún otro instrumento de medida. *Cronos* corresponde a las rotaciones físicas de la tierra sobre su eje, que forman nuestros días terrenales, y a las revoluciones físicas de la tierra alrededor del sol, que determinan los años terrenales. *Kairos*, en cambio, es independiente del movimiento físico y de la medición cuantitativa. Es de carácter cualitativo y se ilustra en afirmaciones como «el momento oportuno» y «es la hora suprema». El tiempo *kairos* actúa cuando uno está «preparado» para un momento de enseñanza. Actúa en las palabras de Victor Hugo cuando escribió: «No existe nada más poderoso en el mundo que una idea a la que le ha llegado su hora». Y se manifiesta en el plan de Dios en cada una de nuestras vidas, como lo estuvo en la vida de Jesús cuando nació de María en «el tiempo establecido» (Gálatas 4:4).

Pero ¿es del todo cierto decir que «el momento oportuno lo es todo», o también lo es, como ocurre con el sector inmobiliario, que «la ubicación lo es todo»? Quizás ambas afirmaciones sean ciertas si las entendemos en el sentido adecuado, y tal vez ninguna de las dos lo sea en términos absolutos. A lo mejor necesitamos tanto el «lugar adecuado» como el «momento oportuno». Kim Mulkey estaba sin duda en el lugar adecuado, en el momento oportuno cuando ganó aquel campeonato nacional.

Con respecto a la vida de Cristo, aunque no podemos estar totalmente seguros del *cronos* de su nacimiento, sabemos que nació durante el reinado de César Augusto, el primero y más grande de los emperadores romanos y uno de los líderes más importantes de la civilización occidental. Más concretamente, sabemos que nació durante el reinado del rey Herodes, quien murió hacia el año 4 a. C., lo que nos permite estimar el nacimiento de Cristo entre el 6 y el 4 a. C. Asimismo, aunque no podemos estar totalmente seguros de la fecha de su muerte, sabemos que fue crucificado entre el 26 y el 36 d. C., cuando Poncio Pilato era procurador en Judea. Aunque no podamos estar seguros del *cronos* de la vida de Cristo, sí sabemos que vivió enteramente en el tiempo *kairos*, el «cumplimiento del tiempo», un tiempo preparado para él solo por Dios.

Jesús, al parecer, nunca tuvo mucho de qué preocuparse cuando se trataba de llegar a tiempo. Podemos estar seguros de que siempre estaba en el lugar adecuado y en el momento oportuno, simplemente porque siempre hacía la voluntad de Dios.

Y esa es la clave: el tiempo indicado y la ubicación correcta o «estar en el lugar adecuado, en el momento oportuno», son una bendición divina. Son el resultado de hacer la voluntad de Dios o, para aquellos que aún no se han alineado de manera deliberada con ella, son una señal de predestinación y una oportunidad de ajustar el modo de vida de uno para vivir de acuerdo con el plan de Dios.

LSU ganó el último partido de ese campeonato nacional un domingo, el Domingo de Ramos, un hecho que la entrenadora Mulkey no omitió mencionar en su entrevista en la cancha inmediatamente después del partido. Ella estaba en el lugar adecuado en el momento oportuno, al igual que Cristo el Domingo de Ramos hace dos mil años. Deberíamos respirar aliviados si nos encontramos en el lugar adecuado y en el momento oportuno durante nuestro viaje por la vida. Si no es así, debemos empezar por rezar, porque solo Dios puede guiarnos allí.

¿Estás en el lugar adecuado y en el momento oportuno de tu viaje terrenal? ¿Es hoy una experiencia de Domingo de Ramos para ti?

3

El gran juego

Me parece que se está jugando un gran juego en la sociedad. No es un juego exclusivo de una época o de un lugar, tampoco se juega con objetos materiales como se ejemplifica en el dicho «el que muere con más juguetes gana». Es, más bien, un juego que utiliza objetos inmateriales como palabras, términos y frases; razón, lógica y retórica; opiniones, conceptos y percepciones, y léxico, taquigrafía, palabras de moda y jergas. Dado que forman parte de la vida cotidiana, el gran juego está al alcance de todos. De hecho, se juega en casa y en el extranjero, en las escuelas y en el lugar de trabajo, en el mundo académico, y en el gobierno y en la política.

El juego se desarrolla, sobre todo, en el discurso público, especialmente en los medios de comunicación, y también puede encontrarse en las páginas de la historia. No es un juego necesariamente divertido, aunque sospecho que algunos se divierten con él. El gran juego está fundamentalmente relacionado con la dinámica más profunda y trascendente de toda la historia de la humanidad: la batalla entre el bien y el mal.

El gran juego es, en esencia, una guerra de palabras, retórica y lógica. El gran campo de batalla son los corazones y las mentes de las personas. A un lado del campo, están la verdad y todas las virtudes que la acompañan; al otro, la falsedad, la oscuridad, la ignorancia, el engaño y otros vicios similares. Es en gran medida inmaterial, pero con consecuencias materiales; el gran juego trasciende el tiempo y el lugar. Se juega en la palabra hablada y escrita de ayer, hoy y mañana.

Hay mucho en juego, tanto en este mundo como en el venidero. Aunque la salvación es el premio final que se gana o se pierde, también hay importantes consecuencias para este mundo. Hay mucho en riesgo en las guerras culturales que asolan la sociedad actual, y el mundo que formemos será el que leguemos mañana a nuestros descendientes.

Ninguno de nosotros puede escapar por completo de participar en el gran juego, ya que todos estamos sujetos a él de una u otra forma. Edgar Allan Poe, entre otros, aconsejaba: «No creas nada de lo que escuchas, y solo la mitad de lo que ves». Tengo presente este consejo cuando leo un periódico o una revista o cuando escucho las noticias en la radio o la televisión. Intento discernir lo que ocurre entre líneas y en el trasfondo. ¿Cuáles son los presupuestos con los que se espera que esté de acuerdo? ¿Son mis valores y percepciones *a priori* similares a los del autor o comentarista? ¿Aprendo algo de todo esto? ¿Me hará crecer? ¿Me están lavando el cerebro? ¿Cómo se corresponde esto con mis valores, y con lo que considero bueno y verdadero?

¿Concuerda con mi fe cristiana y mi moral? Una buena dosis de escepticismo intelectual es buena, pero no del tipo que nos vuelve cínicos o hastiados.

Casi todo en la vida es un proyecto y un proceso, y la vida humana es un proceso continuo de formación, ya sea que nos demos cuenta o no. Estamos constantemente influidos por los estímulos que recibimos del mundo que nos rodea, y la forma en que respondemos a ellos es, como mínimo, tan formativa como los propios estímulos. Todo tiene el potencial de afectarme de alguna manera, y es mi responsabilidad tomar el control de cómo esto va a moldear e impactar mi vida interior. No quiero perder el gran juego por no ser consciente de que me estaban engañando, como tampoco quiero perder la gran guerra por la salvación de nuestras almas porque no era consciente de que me estaba extraviando. Veo esos dos acontecimientos como íntimamente conectados.

El descenso al infierno

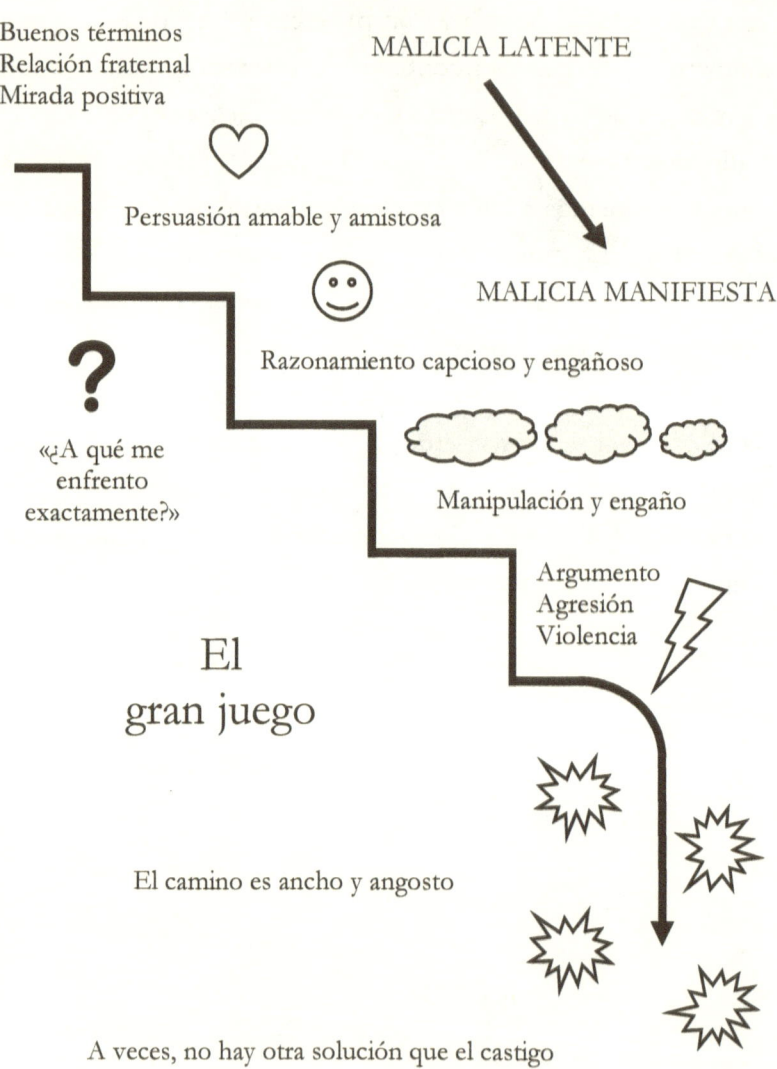

Buenos términos
Relación fraternal
Mirada positiva

MALICIA LATENTE

Persuasión amable y amistosa

Razonamiento capcioso y engañoso

MALICIA MANIFIESTA

?

«¿A qué me
enfrento
exactamente?»

Manipulación y engaño

Argumento
Agresión
Violencia

El
gran juego

El camino es ancho y angosto

A veces, no hay otra solución que el castigo

4

El misterio de la iniquidad

Ah, el gran juego…

He jugado al gran juego durante muchos años, lo he estudiado como un gran maestro y lo he perfeccionado como un gran campeón. Conozco todos los entresijos y todos los pequeños trucos del oficio: cuándo ir más despacio y cuándo apresurarse, cuándo retirarse y cuándo avanzar, cuándo disimular y cuándo ser directo. No hay nada en el juego que no haya visto. Conozco todos los movimientos y sé cuándo hacerlos. El momento oportuno lo es todo. Perfeccionar mi oficio ha sido, para mí, una labor de amor, por así decirlo.

Somos muchos los que jugamos al gran juego. Pasamos desapercibidos en la sociedad, y lo preferimos así. Nos reservamos nuestros asuntos para no causar alborotos. Puede que pienses que somos una subcomunidad, troles de las cavernas que pasan el rato en sótanos oscuros jugando noche tras noche, pero no te das cuenta de que disfrutamos de la luz del día tanto como tú y nos movemos en los mismos círculos. Lejos de ser nocturnos y reclusos, somos criaturas muy sociales: industriosos y productivos, siempre preocupados por el bien común, como una colonia de abejas que se ayudan a construir puentes y derribar muros. Siempre interesados en el bien común, somos altruistas a nuestra manera. Esperamos cambiar el mundo tanto como los demás. Sin embargo, a pesar de toda nuestra conformidad y responsabilidad social, seguimos siendo ávidos devotos del juego.

> A veces por aquí y a veces por allá.
> Estoy en todos lados al mismo tiempo,
> en todo momento en el mismo lugar.
> Me envuelvo en lo secreto, escondiéndome en plena luz.
> Cuanto más te fijas en mí, menos me notas.
> Soy el Artful Dodger.
> Cuando se trata de mí, nunca llegas a conocerme.
> Aunque resuelvas mis acertijos, soy escurridizo como el viento.
> Atrápame en una botella y, ¿qué tendrás?

Entonces, ¿dónde se juega el gran juego? No se juega en algún rincón oscuro del universo, sino en el discurso social común y a la luz del día. Sin embargo, se adapta perfectamente al ocultamiento y a los rincones oscuros. Y ahí reside el enigma:

> Está al alcance de todos, y nadie lo domina.
> Porque quien lo domina es controlado por este.
> Y, si uno es dominado, se convierte en esclavo.

El gran juego se desarrolla donde se reúnen dos o tres, y allí estoy yo en medio de ellos, aunque esté envuelto en secreto. Yo soy el Maestro del juego. Aprende de mí y aprenderás del más grande. Siempre conozco el siguiente movimiento, la siguiente jugada y el siguiente gambito. Mis tácticas son perfectas, al igual que mi estrategia. Mis armas son siempre justas, aunque cosecho donde no sembré y recojo donde no esparcí. Soy un maestro del disfraz, y mi uso del lenguaje es siempre en superlativo. Deja que te muestre el secreto de mi éxito, y te ganaré.

> El gran juego no es cuestión de azar,
> sino de habilidad, inteligencia y audacia.
> Uno examina lo profundo de su ser,
> donde se esconden los misterios,
> y saca a la luz las mentiras.

Soy, a la vez, científico y sofista, guerrero y diplomático, león y cordero, y muchas otras cosas que ahora no entenderías. A veces, soy lo que quieres que sea, pero nunca lo que crees que soy. Si no puedo tener una milla, tomaré una pulgada. Si no puedo tener una pulgada, tomaré la anchura de un cabello. Si no puedo hacerte girar ciento ochenta grados, haré que gires uno. No espero que te conviertas a mi forma de pensar de golpe. Soy paciente. ¿Acaso construí Roma en un día? Un giro de timón aquí, un eufemismo allá, una ligera tergiversación ahora, un error de interpretación sin importancia después, unas pocas omisiones de poca trascendencia, y verás la luz. Soy igual de liberal con los rodeos y el histrionismo que con los argumentos *ad hominem* y los hombres de paja, y tengo muchos otros trucos. Si no hay más remedio, disimularé, ofuscaré o temporizaré, o haré las tres cosas a la vez. La oscuridad es mi color favorito. Si me equivoco, es solo por tu bien. La desinformación solo es perjudicial cuando conduce a resultados indeseables. Aprender a ver la realidad con otra perspectiva ampliará tus horizontes y abrirá nuevas perspectivas de conciencia, y tus oportunidades cognitivas y experienciales crecerán sin fin. Las ligeras distorsiones que notes se disiparán con el tiempo, y crecerás sabio y moldeable bajo mi tutela. Una rosa con otro nombre puede no ser una rosa.

> El día ha terminado, el juego está ganado.
> Ven para siempre a la vida en el sol.
> Únelos y átalos fuerte.
> Lánzalos a la oscuridad de la noche.

Hay tantas cosas en el mundo de las que deseo protegerte. ¿Crees que dejaría que te engañen en el gran juego? ¡Aprende de mí, que soy manso y humilde de corazón! La arrogancia será nuestro pasatiempo nacional. Una bruja enseñó que hay almas que el enemigo prueba vigorosamente, pero hay otras que las deja tranquilas porque sabe que ya son suyas. ¡Bruja! ¡Traidora! ¿Cómo lo sabe? Déjame salvarte de esta ceguera y del gran tirano, y te haré mi verdadero siervo.

> Muévete y sacúdete.
> No te dejes engañar.
> Ojo por ojo, y diente por diente.
> Nada por aquí.
> Nada por allá.
> Si miras bien de cerca, la respuesta encontrarás.

¡Traición! ¡Ladrón! ¿Dejarías que te hagan jaque mate en el gran juego por toda la eternidad? El trabajo de mis manos, un cíclope de la razón.

Yo soy el misterio de la iniquidad, un acertijo de mentiras.

Aprende de mí y no sabrás nada.

Háblame y no oirás nada.

Comulga conmigo y no ganarás nada.

¿Y qué obtendrás sino al padre de las mentiras?

El sindicato

5

El vertedero de los sueños rotos

Querido diario:

Aquí me encuentro otra vez en el mismo lugar.

¿Por qué cada vez que empiezo algo nuevo en la vida, cuando pongo mis esperanzas en algo que merece la pena, siempre acaba en fracaso, decepción y tristeza? Nada en la vida me sale bien, nada dura mucho más allá de una etapa inicial de esperanza y entusiasmo. Sé que todo el mundo pasa por dificultades y experimenta fracasos, rechazos y pérdidas en algún momento de la vida, pero parece que a mí me toca una parte especialmente grande de ellos. ¿Por qué Dios no bendice ninguno de mis proyectos?

Oh, ha habido momentos en la vida en que las cosas han funcionado, más o menos, algunas veces a mi favor y otras veces en mi contra, pero nada de valor perdura. Parece que no puedo construir sobre nada. Cualquier éxito o logro aparente es efímero, y todo lo que queda a su paso es pérdida y abatimiento. Sé que hay personas en el mundo que tienen vidas más difíciles que la mía —algunas mucho más—, y sé que se reponen y siguen adelante, que es lo que yo volveré a hacer. Rezo por ellos e intentaré contar mis bendiciones.

He oído decir que Dios cuenta el esfuerzo y no el éxito. Bien, pero sería bueno que parte de ese esfuerzo acabara dando sus frutos algún día. También he oído decir que Dios recompensa el trabajo, las dificultades, la paciencia y la buena voluntad. ¡Estupendo! ¿Hay alguna posibilidad de que reciba alguna recompensa en esta vida por todo mi esfuerzo y mis problemas?

Mientras me desahogo en las páginas, noche tras noche, a veces me pregunto si Dios escucha mis plegarias. Empiezo a perder la fuerza de voluntad. Y la esperanza.

En fin, ya se me ocurrirá otra cosa que hacer. Rezo por los que experimentan dificultades en la vida y rezo por mí mismo.

¿Me escuchas, Señor? ¿Puedes oírme?

6

El tren a la estación

Una vez escuché una homilía de un obispo en la que utilizaba el cuento infantil *La pequeña locomotora que sí pudo* para ilustrar su discurso. La historia presenta un tren que repite la frase «Sí que puedo, sí que puedo» mientras arrastra a otro tren por una montaña. No recuerdo toda la homilía, porque fue hace muchos años, pero capté el mensaje cuando dijo: «Nuestro trabajo no es llevar el tren a la estación».

Como todos sabemos, el objetivo de esta historia es enseñar el valor del esfuerzo y la perseverancia, pero el mensaje del obispo era que el éxito en la vida espiritual y en el servicio a Dios depende más de la gracia y la fe que de la aplicación y el esfuerzo, y que nadie llegó a ser santo solo con esfuerzo y perseverancia. Lo que hizo que la homilía fuera tan memorable para mí fue que repitió con fervor la afirmación: «Nuestro trabajo no es llevar el tren a la estación», de un modo paralelo a la moraleja de la historia: «Sí que puedo, sí que puedo». Parecía que aquel día me había quitado un gran peso de encima. He escuchado miles de homilías en mi vida, pero solo recuerdo un puñado de ellas. Esta es una.

«Nuestro trabajo no es llevar el tren a la estación». ¡Es el de Dios! El Señor dijo: «Separados de mí, nada pueden hacer» (Juan 15:5), lo que significa que el éxito en el servicio de Dios depende de su bendición y cooperación. No obstante, debemos imitar a «la pequeña locomotora que sí pudo» y hacer un esfuerzo sincero, perseverando tanto como parezca razonable y, sobre todo, teniendo fe en Dios, en nosotros mismos y en la buena obra que intentamos realizar.

«Nuestro trabajo no es llevar el tren a la estación», ¡pero sí lo es tender la vía! El éxito en la vida puede depender de Dios, pero él no va a tomar nuestro lugar y hacer todo por nosotros. Santa Faustina reveló que Dios recompensa el trabajo, las dificultades, la paciencia y la buena voluntad. Recompensa el esfuerzo, en esta vida y en la venidera.

«Nuestro trabajo no es llevar el tren a la estación». No olvidaré esas palabras mientras viva. Así como Dios es el único que puede garantizar el éxito final en la vida, es según *su* criterio como se juzgará el éxito. Si queremos conocer esas normas, tenemos las Escrituras y el ejemplo de aquellos cuyas vidas demostraron una caridad heroica.

Abraham Lincoln habló de «los mejores ángeles de nuestra naturaleza». Lincoln fue, de hecho, un buen ejemplo de lo que enseñaba el obispo. Se dio cuenta de que, por mucho que pudiera hacer, no le correspondía a él determinar el resultado final. Era tarea de Dios completar la buena obra que se había propuesto realizar en la vida. Era tarea de Dios llevar el tren a la estación.

Y ayudar a colocar la vía era el trabajo de Lincoln.

7

Introducción a la vida espiritual: parte 1

La sociedad moderna ha avanzado mucho, y ahora podemos hablar abiertamente de los problemas de salud mental sin sentirnos avergonzados. Afortunadamente, el estigma que antes rodeaba a la salud mental se está disipando, y podemos tratarla con el mismo respeto, consideración y preocupación profesional que a nuestra salud física. Quizás algún día podamos expresar estos mismos sentimientos sobre nuestra salud espiritual.

«¿Salud espiritual? Oh, claro, podemos englobarla dentro de la salud mental».

Bueno…, sí y no. La vida espiritual es más profunda que el estudio de la psicología, y las ciencias psicológicas son más amplias que el estudio de la vida espiritual. Sin embargo, no cabe duda de que hay solapamientos.

La ciencia de la vida espiritual es afín a las ciencias psicológicas, salvo que se lleva a cabo en un contexto religioso. El objeto de estudio es el mismo: la parte incorpórea de la naturaleza humana, es decir, la psique, la mente, el corazón, el alma, el espíritu, los cuales pueden diferenciarse entre sí con algunos matices. En su conjunto, sin embargo, se distinguen de la parte corpórea de nuestra naturaleza, el cuerpo humano, que es el objeto de estudio de las ciencias médicas. La vida espiritual enseña que el pastor o confesor es el médico del alma, lo que es paralelo a la noción de que los psicoterapeutas y otros profesionales de las ciencias psicológicas son los médicos de la psique.

La psicología sostiene que la sexualidad y la agresividad son las dos pulsiones gemelas de la personalidad humana. En su *Summa Theologiae,* Santo Tomás de Aquino habla de la concupiscencia y la irascibilidad, que se corresponden bien, aunque no con precisión, con la sexualidad y la agresión como las dos pulsiones gemelas del espíritu humano. El origen de toda actividad humana, el amor, reside en lo más profundo del corazón humano.

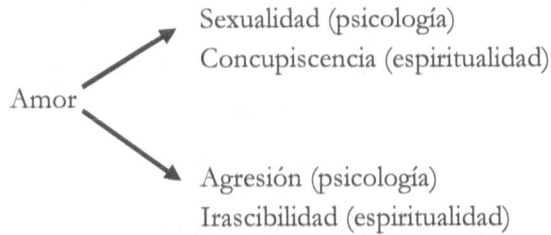

La finalidad de las ciencias psicológicas puede expresarse de diversas maneras: autorrealización, autoactualización, bienestar mental, etc. El objetivo de la vida espiritual también puede expresarse de diferentes formas: santificación y purificación, santidad personal, caridad perfecta, unión con Dios, etc. La salud mental y la salud espiritual están estrechamente ligadas, aunque una no sea la otra. Es posible que alguien con un grado de santidad alto experimente problemas de salud mental. Del mismo modo, es posible que alguien que esté espiritualmente muerto (habiendo perdido la gracia santificante) no tenga problemas de salud mental notables.

La gracia santificante se pierde por el pecado mortal y solo Dios puede restaurarla. Como el término implica, la gracia santificante lleva a una persona a la santidad, la cual se define como: (1) una participación en la vida divina y (2) una participación en la naturaleza divina. Aunque Dios realiza todos sus actos como Padre, Hijo y Espíritu trabajando juntos al unísono, la obra de la santificación se le atribuye, normalmente, al Espíritu Santo. La morada del Espíritu Santo debe conservarse a toda costa, incluso hasta la muerte física. Perderlo supondría la muerte espiritual del alma.

> **Principio espiritual n.° 1:** La gracia santificante es el don
> más precioso en la vida espiritual.

Cuando Cristo dice en el Evangelio: «Separados de mí, nada pueden hacer» (Juan 15:5), *nos parece* contradictorio con nuestra forma de actuar en el día a día. *Parecería* que podemos hacer muchas cosas sin Dios, como pecar, iniciar guerras, arruinar el medioambiente y muchas otras actividades en las que él nunca nos ayudaría. Es más, *parece* que es incapaz de evitar que ocurran este tipo de cosas. Es como si fuera incapaz de ayudarse a sí mismo, que no puede hacer nada en el mundo sin la intervención humana.

Ahora bien, el *parecer* y la *apariencia* indican una cuestión de percepción y, como todo el mundo sabe, la realidad no siempre es lo que *parece* o *aparenta* ser. Teológicamente hablando, aunque Dios es omnipotente, prefiere servirse de personas para cumplir su voluntad y su plan. Esto es un enigma, y hay milagros a considerar que no involucran la intervención humana, pero el punto es que no se debe esperar que Dios haga lo que el hombre puede hacer por sí mismo.

Sin embargo, cuando se trata de la gracia santificante, somos nosotros los que no podemos ayudarnos a nosotros mismos. «Separados de mí, nada pueden hacer» (Juan 15:5) significa que los seres humanos no tienen poder alguno para santificar o consagrar. Cuando se trata de la vida espiritual, Dios reina soberano, y realmente, no hay nada que podamos hacer por nosotros mismos o por los demás sin él. Podríamos trabajar toda nuestra vida por la santidad personal y no progresar ni un ápice en nuestra vida de oración, crecimiento en la virtud, santidad personal o purificación por nuestra cuenta. Todo esto depende de la obra de Dios.

> **Principio espiritual n.º 2:** Solo Dios tiene el poder de
> purificar, santificar y consagrar.

Sin embargo, esto no nos excusa de hacer todo lo posible por ser santos. No hay progreso en la vida espiritual sin disciplina ni sacrificio. Dios no recompensa la pereza, y no existe la gracia barata. La gracia se define como: (1) la ayuda benéfica de Dios en general, (2) un don o favor individual específico y (3) la gracia santificante. Siempre se da gratuitamente, lo que significa que Dios no está obligado a impartirla. Además, la gracia nunca interfiere con la libertad humana ni distorsiona la naturaleza humana.

> **Principio espiritual n.° 3:** La gracia se basa en la naturaleza y la perfecciona.

El mayor don que Dios puede dar es la vida misma, entendida como: (1) la vida temporal en la tierra, (2) la vida eterna en el cielo y (3) la santidad o la beatitud, que es una participación en la vida y la naturaleza de Dios. La tradición espiritual cristiana sostiene que la caridad perfecta es la perfección de nuestra vida en la tierra. La caridad, reina de todas las virtudes, está directamente relacionada con los dos mandamientos más importantes: (1) el amor a Dios, y (2) el amor al prójimo y el amor propio. La palabra griega para *amor* en la Biblia es *ágape*, y la palabra latina es *caritas*.

Amor a Dios

Amor al prójimo   Amor propio

> **Principio espiritual n.° 4:** La humildad amorosa, o el amor humilde, es la fuerza más poderosa del universo.

El amor propio narcisista se distingue del amor a uno mismo como el vicio se distingue de la virtud. El progreso en la vida espiritual depende de crecer en el conocimiento de uno mismo y de aprender a practicar un amor propio adecuado, ya que hay una forma espiritualmente sana de cuidar de uno mismo y una forma egocéntrica que conduce al egoísmo. El amor propio narcisista es una inversión de la virtud de la caridad.

Amor propio narcisista y egoísta

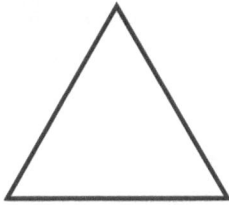

Amor a Dios (si es que existe)   Amor al prójimo (si es que existe)

Principio espiritual n.º 5: El amor propio narcisista es la raíz de todos los males.

Esta enseñanza espiritual se ajusta al descubrimiento en las ciencias psicológicas de la tríada oscura de la psicopatía, el narcisismo y el maquiavelismo. O, si lo prefieres, de la tétrada oscura que incluye el sadismo.

8

Un héroe es elegido

Puesto(s) disponible(s) para contratación inmediata. Se aceptan todas las solicitudes. Los candidatos ideales poseerán o podrán ajustarse a lo siguiente:

- predisposición a hacer lo que sea necesario;
- perseverancia hasta el final;
- confianza.

Los siguientes puntos no son obligatorios para presentar una solicitud. En muchos casos, su ausencia puede mejorar la idoneidad del solicitante:

- amistades;
- relaciones cercanas;
- popularidad;
- un empleo estable;
- cualquier forma de ingreso;
- un plan;
- posición social alta;

- distinciones por logros, ascensos o talentos;
- reputación positiva;
- una vida moral muy desarrollada (la notoriedad pública no será motivo de descalificación y, en algunos casos, puede contribuir a hacer más deseable al candidato, siempre que este se someta a un programa de formación y corrección);
- otras cualidades negociables.

Proceso de contratación y trayectoria profesional:

1. **Elección de un héroe.** El empleador elegirá a uno o varios candidatos a héroe.

2. **Experiencia en el desierto.** El candidato se embarcará en una experiencia en el desierto como aprendiz.

3. **Misión y vocación.** El aprendiz recibirá una misión y una vocación.

4. **Experiencia culminante.** El aprendiz será sometido a pruebas.

5. *Deus ex machina.* El empleador proporcionará la ayuda necesaria.

1. Elección de un héroe

«Al contrario, Dios eligió lo que el mundo tiene por necio, para confundir a los sabios; lo que el mundo tiene por débil, para confundir a los fuertes; lo que es vil y despreciable y lo que no vale nada, para aniquilar a lo que vale. Así, nadie podrá gloriarse delante de Dios».
(1 Corintios 1:27-29)

«Este ha crecido ante Dios como un retoño, como raíz en tierra seca. No tenía brillo ni belleza para que nos fijáramos en él, y su apariencia no era como para cautivarnos. Despreciado por los hombres y marginado, hombre de dolores y familiarizado con el sufrimiento, semejante a aquellos a los que se les vuelve la cara, no contaba para nada y no hemos hecho caso de él».
(Isaías 53:2-3)

2. Experiencia en el desierto

Una vez contratado, el aprendiz debe estar dispuesto a aceptar cambios en su vida y una posible reubicación. Un periodo de formación es esencial para forjar un carácter moral que lo haga apto para futuras responsabilidades. El aprendiz comenzará un extenso programa de educación, formación y purificación. Al aprendiz se le puede pedir que soporte condiciones de vida y de trabajo desagradables que pueden incluir jornadas largas; tareas y asignaciones desagradables; compañeros egoístas, irrazonables e inmaduros; ayuno y abstinencia, y otras pruebas y tribulaciones según lo requieran su misión y vocación.

Una vez finalizada la experiencia en el desierto, se le puede pedir al aprendiz que se traslade. El momento y el lugar lo son todo. Casi siempre. Se le advierte al aprendiz que terminar la experiencia del desierto no significa el fin del programa de formación, ya que la formación continua en santidad durará, necesariamente, el resto de su vida terrenal.

3. Misión y vocación

El aprendiz se embarcará en una vocación desafiante, y su vida puede cambiar drásticamente. Completará tareas compartidas con otros discípulos y se le podrá pedir que cumpla, al menos, una misión única durante su vida. El fracaso es grave, pero no implica necesariamente la pérdida de la salvación. El éxito será generosamente recompensado.

La integridad del aprendiz debe mejorar con el tiempo. Las faltas morales deben disminuir hasta extinguirse definitivamente. Los errores de juicio también deberían disminuir, ya que se espera que el aprendiz crezca tanto en virtud intelectual, especialmente en sensatez y rectitud, como en virtud moral. Sin embargo, el fracaso intelectual es menos grave que el moral.

4. Experiencia culminante

El aprendiz deberá superar una prueba o una serie de pruebas que le servirán como experiencia final. Es posible fracasar en todo o en parte, pero los antiguos aprendices atestiguan con unanimidad que la experiencia bien valió el sacrificio.

5. *Deus ex machina*

Se advertirá al aprendiz que el éxito en cualquier cometido no depende enteramente de él. No es su trabajo llevar el tren a la estación. Se le recordará al aprendiz que la ayuda divina siempre está disponible y que nunca está solo. Se le aconseja al aprendiz que la providencia divina se derrama con mayor presteza durante los momentos más difíciles de la vida, especialmente en la experiencia culminante, el acontecimiento heroico y el momento heroico.

¿Crees es milagros?

¿Quieres convertirte en un héroe santo?

Entonces, cuando la suerte está echada
y las probabilidades están en contra.
Cuando hay mucho en juego,
y el final está cerca.
Cuando todo está en riesgo,
y eres un perdedor,
pobre y arruinado,
solo en el mundo,
sin mucho a tu favor
y con pocas posibilidades de ganar.
Cuando tus únicas opciones son vencer o perecer,
y todo lo que tienes de tu lado es a Dios.
Entonces, sabrás que, en verdad, eres bendecido.
El ser más afortunado del universo
porque estás justo donde Dios quiere que estés,
estás en las manos de Dios.

Nunca dudes de una persona de fe.

Deus ex machina

Un héroe es elegido

9

Introducción a la vida espiritual: parte 2

Toda naturaleza tiene su perfección, y la perfección de la naturaleza humana es ser como Dios. Puesto que estamos hechos a su imagen y semejanza, y él es el bien supremo, nuestro objetivo es participar en su vida y naturaleza de la forma más perfecta posible.

Los ángeles son seres totalmente espirituales, es decir, no poseen ningún elemento corpóreo (cuerpo). Los seres humanos, en cambio, tenemos una doble naturaleza: cuerpo y alma. Con respecto a la vida espiritual, una de las cosas más importantes que hay que saber sobre el cuerpo es que los cinco sentidos actúan como ventanas o canales a través de los cuales el alma obtiene conocimiento del mundo exterior. Sin los sentidos físicos, el alma estaría atrapada dentro del cuerpo como un prisionero en una celda sin ventanas ni puertas. Las obras de san Juan de la Cruz contienen un excelente análisis de los cinco sentidos y su importancia en la vida espiritual.

El alma es el principio espiritual del cuerpo y su principio de vida. La palabra *principio* tiene dos significados: (1) una verdad fundamental y (2) un origen de actividad. Afirmar que el alma es el principio espiritual del cuerpo y su principio de vida es asegurar que el alma es el origen de la vida y el espíritu del cuerpo. Sin alma, un cuerpo es un cadáver.

El alma tiene tres facultades: voluntad, intelecto y memoria, esta última a veces se incluye con el intelecto. Al igual que el cuerpo tiene cinco sentidos físicos, el alma tiene cinco sentidos espirituales:

1) *El oído es el órgano de la obediencia.* Cuando la Escritura dice: «Oye, pueblo mío, yo atestiguo contra ti, ¡ojalá me escucharas, Israel!» (Salmos 81:9), *escuchar* significa *obedecer*.

2) *Los ojos son el órgano del entendimiento.* Cuando la Escritura dice: «[...] porque miran, y no ven; oyen, pero no escuchan ni entienden» (Mateo 13:13), significa que estas personas tienen la capacidad espiritual de comprender, pero están cegadas por el pecado o por la obstinación.

3) *La nariz es el órgano de la intuición.* En el lenguaje coloquial decimos: «Huelo algo sospechoso» o «Algo huele mal por aquí». Hay muchos casos en las Escrituras en los que se dice que Dios huele un aroma fragante que suele asociarse con la oración, el sacrificio o la santidad (por ejemplo, Génesis 8:21, Éxodo 29:18), pero es el autor humano quien intuye si a Dios le agrada o no.

4) *La boca es el órgano de la experiencia directa con Dios y las cosas de Dios.* Esto se evidencia cuando la Escritura dice: «¡Gusten y vean qué bueno es el Señor!» (Salmos 34:9).

5) *El sentido del tacto también se refiere a una experiencia directa con Dios o con las cosas de Dios.* Cantar de los Cantares está repleto de este tipo de lenguaje, y también lo encontramos cuando leemos que Dios acaricia, sostiene o lleva a una persona.

La esencia de la santidad, según santa Faustina, es hacer la voluntad de Dios. Nunca se insistirá lo suficiente en este hecho. Amar a Dios es obedecerle, y obedecerle de buena gana es amarle, aunque uno no lo sienta así. Cristo hizo siempre la voluntad de su Padre, y ser cristiano o semejante a Cristo es imitar su obediencia a Dios. La obediencia a la voluntad de Dios es la clave de la vida espiritual.

Principio espiritual n.º 6: La esencia de la santidad es hacer la voluntad de Dios.

El mal se define, en la filosofía griega, como la privación del bien que debería estar ahí, pero está ausente. Es como una caries en un diente, y tiene el mismo efecto en la vida espiritual. Si el alma no se llena de algo espiritualmente beneficioso, acabará infectándose del mal y, finalmente, morirá. En la vida espiritual, el mal es la privación de la gracia santificante o de la virtud que debería estar ahí, pero está ausente. Lo tranquilizador de la presencia del mal en el mundo y en nuestras almas es que Dios no permitiría que ocurriera el mal si no tuviera la intención de sacar algo bueno de él (*Catecismo de la Iglesia católica*, n.º 324).

Dios siempre tiene una respuesta significativa al misterio de la iniquidad.

El mal moral existe en el mundo porque los seres humanos tenemos libre albedrío, y Dios no nos lo quita. El libre albedrío nos da la capacidad de cooperar con Dios o de rechazar su plan para nuestras vidas. Si los seres humanos no tuviéramos libre albedrío, no seríamos mejores que unos robots o esclavos, y eso no es lo que Dios quiere. Él busca participantes voluntarios en su plan de creación y salvación, no cautivos ni rehenes. Aunque la gracia se basa en la naturaleza y la perfecciona, nunca la anula. Dios nunca nos quitará ni destruirá lo que ha creado, incluido nuestro libre albedrío, que es precisamente lo que las fuerzas espirituales de las tinieblas intentan hacer.

> **Principio espiritual n.º 7:** El principio más profundo y fundamental de toda la historia es la perpetua oposición entre el bien y el mal.

La literatura de la tradición cristiana enseña extensamente sobre la guerra constante entre el bien y el mal que siempre ha existido en el mundo. Esta verdad evidente se manifiesta en la vida de toda persona como un combate espiritual del que nadie puede escapar. El estudio de la historia y de los acontecimientos actuales muestra cuánta guerra y pecado de todo tipo ha habido entre los seres humanos en todas las épocas. Todo eso ocurre porque hay una batalla entre el bien y el mal que se libra dentro de cada uno de nosotros. Cualquiera que se dedique a vivir la vida espiritual sabe que el conflicto espiritual está siempre presente. Estos fenómenos están relacionados. El ímpetu de nuestras acciones externas proviene de nuestro interior.

Los enemigos del alma son el diablo, la carne y el mundo. El diablo y otros ángeles caídos son reales, y es peligroso creer lo contrario. La humanidad está a punto de gastar billones de dólares en la exploración del espacio, supuestamente para descubrir si hay otras formas de vida en el universo. ¿Cómo podemos, por un lado, investigar la posibilidad de vida extraterrestre con tanto esfuerzo y gasto y, por otro, negarnos a creer en la existencia de seres espirituales aquí en la tierra? ¿Tan materialistas nos hemos vuelto? Si no aprendes nada más de este libro, al menos reconoce que los ángeles caídos existen y que son nuestros enemigos. Lo que no conocemos puede perjudicarnos.

Principio espiritual n.º 8: Los enemigos del alma son el diablo, la carne y el mundo.

Las Escrituras describen al diablo como un mentiroso y un asesino. Todas sus acciones se originan en su malicia, que va más allá de todo lo que podemos experimentar en la interacción humana. Su odio y su voluntad impía son de otro orden y nos aterrorizan hasta dejarnos paralizados. Esto se debe a que el diablo es mucho más poderoso que cualquier ser humano, y es lógico que su poder de odio y su propensión a la violencia sean mucho mayores de lo que cualquier ser humano pueda llegar a poseer.

La Escritura es clara cuando enseña que el diablo engaña y mata. Como asesino, trata de destruir la gracia santificante en el alma, y así crea una cavidad —una privación del bien que debería estar ahí, pero que está ausente— que acabará corrompiendo el alma. Como mentiroso, él y sus secuaces buscan distorsionar la realidad, poco a poco, gradualmente, a través de pequeños pasos, a lo largo del tiempo. El trabajo de destrucción puede ser el trabajo de toda una vida. Encontrarás a las fuerzas espirituales de la oscuridad operando en la desinformación, la tergiversación, la mala interpretación, la caracterización errónea y otras sutilezas por el estilo, tanto como las encontrarás en acciones visiblemente violentas. El diablo odia la luz, y hay veces en que la mera opinión es enemiga de Dios y de la verdad. Vale la pena considerar los consejos populares: «No creas nada de lo que escuchas, y solo la mitad de lo que ves» y «No creas todo lo que piensas».

El diablo y otros espíritus malignos tienen acceso a la imaginación y a la sensibilidad cuando intentan tentarnos, pero solo pueden incitar a la voluntad, no controlarla ni determinarla. La voluntad existe en todo momento en un estado de libertad relativa, según qué tan arraigado en el alma esté el hábito de la virtud o del vicio. Cuanto más virtuosa es un alma, mayor es la libertad de la persona, es decir, el poder de elegir el bien. Cuanto más viciosa es un alma, más esclava es la persona del poder del pecado y de la influencia del diablo. En los casos de posesión en los que el diablo tiene mayor poder sobre el alma, la voluntad sigue siendo algo libre, aunque esa libertad esté minimizada y el alma sea débil. Dios no permitirá que el diablo controle realmente el libre albedrío de una persona. Las películas no son una buena fuente de información sobre este tema.

El segundo enemigo del alma es la carne, que se define como: (1) todo lo que se opone a la gracia, y (2) la piel y los tejidos blandos del cuerpo humano, a excepción de los huesos. Cuando san Pablo afirma que «la carne desea contra el espíritu y el espíritu contra la carne. Ambos luchan entre sí, y por eso, ustedes no pueden hacer todo el bien que quieren» (Gálatas 5:17), quiere decir que la carne es todo lo que hay en nosotros que se opone a la gracia. Cuando escribe sobre su «espina clavada en [la] carne» (2 Corintios 12:7), probablemente se refiere a algún tipo de dolencia física, quizá por haber soportado tantas penurias físicas, o tal vez una afección o lesión congénita. Simplemente, no lo sabemos.

El tercer enemigo del alma, el mundo, se entiende en la tradición cristiana en dos sentidos: uno neutro y otro peyorativo. En el sentido neutro, el mundo se compone de personas, lugares, cosas, ideas, acontecimientos y sucesos. Se utiliza este sentido cuando la Escritura dice: «Sí, Dios amó tanto al mundo, que entregó a su Hijo único para que todo el que cree en él no muera, sino que tenga Vida eterna» (Juan 3:16). En el sentido peyorativo, el mundo es todo lo que se opone al reino de Dios en las sociedades humanas de todas las épocas.

Asociados al mundo, están los bienes mundanos que se adquieren para sus propios fines e inflaman el orgullo y la sensualidad de quien los posee. Entre ellos, se encuentran las riquezas, los honores, los placeres, el poder, el estatus y la fama. En contraste con los bienes temporales y mundanos, están los bienes espirituales y sus efectos beneficiosos, destinados a perdurar en la eternidad. Estos bienes son las gracias, las virtudes, los méritos, la gloria, el honor y las indulgencias. Sin embargo, los bienes espirituales no deben confundirse con el fin de la vida espiritual, ni son más importantes que la gracia santificante. La meta es siempre la santidad personal, la santificación y purificación, la caridad perfecta, la perfección espiritual o la unión perfecta con la voluntad de Dios. Los bienes espirituales deben ayudarnos a alcanzar la meta final y recompensarnos por servir a Dios.

La obediencia a la voluntad de Dios y el discipulado auténtico también aportan significado, valor, propósito, realización, recompensa y satisfacción en la vida. Deben considerarse como beneficios espirituales además de los bienes espirituales.

10

Mindfulness y la práctica de la presencia de Dios

La práctica de *mindfulness* o conciencia plena se ha popularizado hoy en día como medio de tratamiento psicoterapéutico y como forma de meditación para quienes simplemente buscan mejorar su vida. *Mindfulness* es neutral desde el punto de vista religioso en el sentido de que no enseña ni defiende explícitamente principios eclesiásticos, pero es, desde luego, compatible con la religión y la disciplina espiritual. Es probable que sea conocida desde hace siglos por monjes y yoguis de todas las tendencias, y puede que se remonte a los orígenes de nuestra especie, cuando los seres humanos desarrollaron por primera vez la capacidad de ser conscientes de sí mismos.

Nicolás Herman nació en 1614, en Francia. Sus primeros años de vida estuvieron marcados por la pobreza y la violencia, algo un poco habitual en la Europa medieval y moderna. Llegó a la adultez durante la guerra de los Treinta Años (1618-1648), un conflicto complicado y muy destructivo que se libró, sobre todo, en Europa central. Para poder alimentarse, Herman se vio obligado a hacerse soldado. Herido y a punto de morir, experimentó un despertar religioso que lo llevó a ingresar en el convento de los Carmelitas Descalzos de París en 1640. Sin educación, se hizo hermano laico y tomó el nombre de «hermano Lorenzo de la Resurrección». Su vida se caracterizó por el trabajo manual, la oración sencilla y el servicio a su comunidad religiosa. Hoy se lo conoce como el autor del clásico cristiano *La práctica de la presencia de Dios*, un recopilado de sus cartas y conversaciones. Falleció en 1691.

El título de este libro capta la idea principal. La disciplina espiritual del hermano Lorenzo es una técnica meditativa que podría resumirse como el método *mindfulness*, pero practicado de un modo religioso, la cual hace hincapié en el hábito de volver intencionadamente la mente hacia Dios para ser consciente de su presencia en todo momento. En cuanto se daba cuenta de que su mente se había desviado, el hermano Lorenzo volvía a centrar su atención en la presencia de Dios. Al igual que la técnica de *mindfulness*, esta práctica es tan sencilla como profunda y transformadora. Al igual que el *mindfulness*, es tan difícil de practicarla como sencilla.

Hace muchos años, escuché una entrevista en la radio con un monje budista que decía que su principal disciplina espiritual era la práctica continua de la paciencia. Merece la pena mencionarlo aquí por su compatibilidad con el *mindfulness* y la práctica de la presencia de Dios. Buda no pretendía ser un dios, pero sí estar alerta. El estado de conciencia plena hace hincapié en la vigilia, y el hermano Lorenzo trató de estar continuamente atento a la presencia de Dios. Lo que resulta evidente es que el *mindfulness*, la práctica de la presencia de Dios y la práctica de la paciencia continua tienen puntos en común: la vigilia, la conciencia del momento presente, la paciencia, el autocontrol y la relajación mental.

Mindfulness puede ser tanto un tratamiento como una forma de vida. El tratamiento psicoterapéutico utiliza la práctica de la conciencia plena para mejorar la salud mental y física. Para los pacientes, el objetivo del *mindfulness* es aliviar dolencias como la ansiedad, la depresión, el trastorno de estrés postraumático, el dolor físico crónico y las adicciones a sustancias. Sin embargo, el objetivo del *mindfulness*, aplicable a todo el mundo, es vivir más plenamente en el momento presente, ser más conscientes de nosotros mismos y de lo que nos rodea, y adquirir un mayor nivel de conciencia. Los practicantes de *mindfulness* también abogan por lo siguiente:

- Una sana curiosidad y apertura al mundo que los rodea.

- Una toma de conciencia de las sensaciones psíquicas y del malestar físico, y una visión de todo con una actitud libre de prejuicios.

- La observación de los pensamientos y una disociación de esos pensamientos con el verdadero yo.

~

Todo esto para decir que, si tu sueño es convertirte en un monje *jedi*, entonces debes practicar el *mindfulness*, la presencia de Dios y, sobre todo, la paciencia.

Los caballeros *jedis* y los monjes *jedis* tienen mucho en común:

- Los caballeros *jedis* sirven y son guiados por la Fuerza, que tiene un lado luminoso y otro oscuro. Los monjes *jedis* sirven y son guiados por Dios, que es solo luz.

- La autodisciplina y el entrenamiento de los caballeros *jedis* es comparable a la disciplina espiritual y corporal que mantienen los monjes *jedis*, con la diferencia de que estos últimos no matan a nadie, ni siquiera a los droides.

- Para tratar de entrar en contacto con la Fuerza, los caballeros *jedis* practican una forma *mindfulness* y meditación que se asemeja a la oración y a escuchar con el oído del corazón. Los monjes *jedis* intentan conectar con Dios a través de la oración meditativa y la contemplación, y cuentan con una rica tradición en la que inspirarse.

- A los caballeros *jedis* se les enseñan virtudes cristianas como la paciencia, la compasión, la humildad, la modestia, la prudencia, el altruismo, la caridad, la templanza, la castidad y el valor, por nombrar algunas. Un verdadero monje *jedi* encarna todas estas virtudes y, al igual que los caballeros *jedis*, practica lo que el taoísmo denomina 'hacer sin esfuerzo'.

- Un verdadero monje *jedi* está a la altura de un verdadero caballero *jedi* en virtud, autodisciplina y en todos los demás aspectos, excepto en que los monjes *jedis* no empuñan sables de láser.

Por sobre todo, cada uno practica la paciencia, confiando en el lento proceso de santificación o de hacerse uno con la Fuerza, y confiando en el obrar del tiempo.

¡Que el Espíritu te acompañe!

11

Perseverancia y voluntad propia

Hay un mundo de diferencia entre la fe y la perseverancia arraigadas en la buena voluntad, por un lado, y la terquedad y la obstinación arraigadas en la voluntad propia, por otro. La diferencia algunas veces puede ser extrema y otras veces, sutil. Hay momentos en los que la buena voluntad y la voluntad propia duran poco, y ocasiones en las que una actitud prevalece a lo largo de toda la vida. En cualquier caso, las consecuencias de las decisiones tomadas en una u otra disposición pueden ser profundas.

En esta reflexión, ofrezco dos ejemplos históricos de hombres famosos e influyentes —san Pablo y Mohandas Gandhi— cuyas vidas nos demuestran que las decisiones tomadas con una actitud de buena voluntad o de voluntad propia pueden tener consecuencias de gran alcance y pueden afectar a la vida de millones de personas y a la propia historia. Desde la perspectiva de la vida espiritual, podemos estudiar sus opiniones y decisiones, así como los resultados de ellas, para tratar de reconocer cuán íntima es la conexión entre la voluntad propia y la vida en la carne, por un lado, y la buena voluntad y la vida en el espíritu, por otro (Romanos 8:5).

En 1940, Gandhi dijo: «La palabra *derrota* no está en mi vocabulario». Sin embargo, un pequeño estudio de su vida realizado a partir de fuentes fidedignas muestra que experimentó muchas derrotas, tanto grandes como pequeñas. El sabor de la derrota y la decepción deben haber estado en su boca en 1912 cuando dijo: «Qué despreciables son los hombres de mi país». Su experiencia de lucha y fracaso, y la discordia entre los políticos indios de su época debieron de haberle impulsado a expresar en 1929: «Rogad a Dios que nos libre de la maldición de la desunión».

Sin embargo, sus peores derrotas aún estaban por llegar. Durante la partición de la India, a la cual se opuso, y durante la creación de la nueva nación de Pakistán, hindúes y musulmanes entraron y salieron del territorio designado como Pakistán, lo que provocó una gran violencia étnica y religiosa. Gandhi trabajó para mitigar la violencia, pero muchas personas de ambos credos perdieron sus hogares y medios de subsistencia, algunas incluso la vida, a pesar de sus esfuerzos.

Si Gandhi sabía mucho sobre la derrota, también sabía algo sobre el fracaso personal. En 1940 dijo: «¿Hay algún hombre que no cometa errores?». El movimiento de la India hacia la independencia de Gran Bretaña fue difícil de navegar, y Gandhi no tuvo la ventaja de la retrospectiva, pero muchos historiadores creen hoy que sus objetivos eran poco realistas. Por ejemplo, su deseo de devolver a la India a una era preindustrial y su insistencia en que la mayoría de los ciudadanos de ese país vivieran una vida sencilla de trabajo manual —por muy bienintencionado que fuera— contribuyeron al sufrimiento y la agitación de la época. Gandhi se aferró firmemente a políticas idealistas pero poco prácticas y no estaba dispuesto a transigir durante los debates políticos previos a la partición. Si hubiera hecho algunas concesiones, podrían haberse evitado la partición y la consiguiente violencia y pérdida de vidas y propiedades. En un documental de la BBC sobre Gandhi, un ciudadano indio admitió lo que quizá sea una opinión típica de muchos otros ciudadanos de ese país: «Las ideas de Gandhi no funcionan».

Si bien en la vida de Gandhi hay casos de intransigencia, también hay un legado de resistencia paciente y de acción comprometida frente a la injusticia, y es por esto por lo que será recordado para siempre. Su práctica del Satyagraha —resistencia pasiva y devoción a la verdad— desafió el dominio de las autoridades civiles británicas y contribuyó a allanar el camino hacia la independencia de la India. Resulta irónico que Gandhi se viera influido por el trascendentalista estadounidense Henry David Thoreau a la hora de desarrollar su concepto de Satyagraha. Thoreau escribió *Desobediencia civil*, un breve ensayo publicado por primera vez en 1849, veinte años antes del nacimiento de Gandhi. De haber estado vivo, Thoreau habría contemplado con gran satisfacción las manifestaciones no violentas de Gandhi.

Al afirmar que no admite la palabra *derrota* en su vocabulario, Gandhi está indicando su voluntad de perseverar a pesar de los obstáculos y las dificultades. Esta cualidad era compartida con su contemporáneo y adversario político, el indomable Winston Churchill, también un modelo de perseverancia e inflexibilidad, que pronunció estas palabras en 1941:

> Esta es la lección: nunca se rindan, nunca cedan. [...] Nunca cedan, salvo por las convicciones del honor y el buen sentido. [...] Solo hay que perseverar para vencer.

~

En los escritos del Nuevo Testamento, vemos la obstinada voluntad propia de un judío ortodoxo llamado Saulo, que acabó dando paso a la paciente resistencia de un cristiano llamado Pablo y a su voluntad de soportar penurias por amor a Cristo. Según él mismo confiesa, Saulo persiguió enérgicamente a la incipiente Iglesia cristiana antes de su conversión en el camino a Damasco. Después de consentir el asesinato de Esteban, se dirigió al sumo sacerdote en Jerusalén y «le pidió cartas para las sinagogas de Damasco, a fin de traer encadenados a Jerusalén a los seguidores del Camino del Señor que encontrara, hombres o mujeres» (Hechos 9:2). Fue en este viaje cuando Pablo experimentó su famosa conversión.

El drástico cambio de fariseo perseguidor a misionero cristiano lanzó a Pablo a una serie de conflictos, a controversias y, finalmente, a una muerte violenta. Sus primeras batallas se libraron en Damasco para ganarse la aceptación y la confianza de los judíos cristianos.

Todos los que oían quedaban sorprendidos y decían: «¿No es este aquel mismo que perseguía en Jerusalén a los que invocan este Nombre, y que vino aquí para llevarlos presos ante los jefes de los sacerdotes?». (Hechos 9:21)

El testimonio público de Pablo de que Jesús era el Mesías solo logró distanciarlo de sus antiguos amigos y socios. Los «judíos» —los que no aceptaban a Jesús como Mesías y seguían fieles a la ley mosaica tradicional— se opusieron ferozmente a su conversión, ya que, naturalmente, la consideraban una traición al judaísmo ortodoxo. La aparente apostasía de Pablo le valió una censura tan fuerte que «los judíos se pusieron de acuerdo para quitarle la vida, pero Saulo se enteró de lo que tramaban contra él» (Hechos 9:23-24). Con la ayuda de otros judíos cristianos, Pablo pudo escapar por encima de los muros de Damasco y regresar a Jerusalén.

Los enemigos que Pablo se hizo dentro del judaísmo ortodoxo, no solo en Damasco, sino en toda la diáspora, fueron para toda la vida. Una vez en Jerusalén, volvió a tener dificultades para ganarse la confianza de sus compañeros judíos cristianos y se enfrentó, de nuevo, a la hostilidad de los judíos tradicionales, quienes no aceptaban su conversión. Una nueva serie de controversias surgió de una facción de la Iglesia cristiana primitiva, los judaizantes, que insistían en la circuncisión de los varones adultos conversos y en la estricta observancia de la ley de Moisés.

Comencé esta reflexión afirmando que hay un mundo de diferencia entre la fe y la perseverancia arraigadas en la buena voluntad, por un lado, y la obstinación arraigada en la voluntad propia, por otro. En las Escrituras, encontramos la misma idea en Juan 3:6: «Lo que nace de la carne es carne, lo que nace de Espíritu es espíritu». La perseverancia fiel es del espíritu, mientras que la obstinación es de la carne, la cual es todo lo que se opone a la gracia. La primera está arraigada en la benevolencia, la segunda es algo más parecido a la mala voluntad. El espíritu operaba en Pablo; la carne, en Saulo.

El hombre Saulo era un asesino cuyo corazón estaba lleno de orgullo religioso. En su arrogancia, Saulo justificó el asesinato de Esteban y el maltrato de otros cuya única ofensa fue aceptar a Jesús como el Mesías. Su observancia de la Torá y sus cientos de preceptos justificaba, en su mente, la violación de uno de los diez grandes mandamientos de la ley mosaica: «No matarás» (Éxodo 20:13). En su ciega voluntad propia y su intransigencia, era incapaz de la verdadera caridad, del mismo modo que «[respirar] amenazas de muerte» (Hechos 9:1) es totalmente contradictorio con los dos mayores mandamientos.

El hombre Pablo, por el contrario, demostró un carácter virtuoso de sufrimiento prolongado y resistencia paciente que erradica el egoísmo egocéntrico. Pablo mostró un espíritu de sacrificio en su servicio a Dios, que solo podía tener su origen en una misión y una vocación inspiradas por Dios. Con sus propias palabras, expresó:

Cinco veces fui azotado por los judíos con los treinta y nueve golpes, tres veces fui flagelado, una vez fui apedreado, tres veces naufragué, y pasé un día y una noche en medio del mar. En mis innumerables viajes, pasé peligros en los ríos, peligros de asaltantes, peligros de parte de mis compatriotas, peligros de parte de los extranjeros, peligros en la ciudad, peligros en lugares despoblados, peligros en el mar, peligros de parte de los falsos hermanos, cansancio y hastío, muchas noches en vela, hambre y sed, frecuentes ayunos, frío y desnudez. Y dejando de lado otras cosas, está mi preocupación cotidiana: el cuidado de todas las Iglesias. ¿Quién es débil, sin que yo me sienta débil? ¿Quién está a punto de caer, sin que yo me sienta como sobre ascuas? (2 Corintios 11:24-29)

Vivir en el espíritu es fuente de vida y de gracia, mientras que vivir en la carne trae perdición. Puede haber una línea delgada entre la perseverancia santa y la inflexibilidad arraigada en la voluntad propia, la cual Pablo parece haber sabido distinguir cuando escribió: «[El amor] no busca su propio interés...» (1 Corintios 13:5). La voluntad propia siempre está interesada en uno mismo de alguna manera y demuestra falta de humildad, mientras que la perseverancia fiel en el espíritu es altruista y centrada en Dios. La conversión de Pablo no solo le trajo vida y gracia a sí mismo, sino también a los demás. Cuando se acercaba al final de su misión, pudo alegrarse y decir: «He peleado hasta el fin el buen combate, concluí mi carrera, conservé la fe» (2 Timoteo 4:7).

12

El cristianismo en decadencia

Un breve repaso de la literatura sobre el estado del cristianismo en el mundo occidental actual no es alentador. Las investigaciones indican que el número de iglesias cristianas en los Estados Unidos y en Europa está disminuyendo, junto con el número de adultos que asisten a los servicios religiosos dominicales. Los estudios realizados sobre la generación más joven son aún más desalentadores. Aunque los datos no pueden decirnos, de manera concluyente, cómo será la Iglesia cristiana en el futuro, sí apuntan hacia una dirección problemática.

Parece que el cristianismo se encuentra en una encrucijada. En un mundo en el que las sociedades están cada vez más interconectadas, el cristianismo parece sufrir un problema de desconexión que hace que los fieles abandonen los bancos. A medida que la ciencia, la tecnología y la erudición amplían constantemente los límites del conocimiento humano, la Iglesia cristiana ha luchado por mantener la pertinencia de sus conocimientos en un mundo en constante evolución. Parte del reto al que se enfrenta el cristianismo en el siglo XXI es que sus conocimientos son fundamentalmente diferentes de los que valora la sociedad secular. Además, la cultura cristiana está determinada, en gran medida, por sus raíces históricas, mientras que la cultura moderna avanza hacia un futuro cada vez menos dependiente de sus raíces tradicionales.

Los documentos fundacionales del cristianismo son las Escrituras y los escritos de los primeros misioneros y teólogos cristianos. Siempre que la Iglesia reflexiona sobre sus escritos sagrados y su tradición, comienza remontándose miles de años atrás hasta el antiguo Israel y la formación de las Escrituras hebreas, o lo que conocemos como el Antiguo Testamento. A partir de ahí, la historia cristiana progresa a través de la era apostólica y la formación del Nuevo Testamento, hasta la antigüedad tardía, la Edad Media y, finalmente, los tiempos modernos. Durante esta larga historia, se fueron recopilando documentos eclesiásticos y, una vez que la doctrina ha quedado firmemente establecida, la autoridad eclesiástica se ha resistido históricamente a alterar los contenidos ortodoxos aceptados. Esto es necesario cuando se trata de la revelación divina porque el Espíritu Santo revela verdades que no pueden cambiarse. Al igual que las demás grandes religiones del mundo, el cristianismo se fundamenta en su historia y se adhiere firmemente a sus documentos sagrados.

En cambio, los documentos del mundo —tanto si se refieren a la ciencia como al gobierno, o a cualquier otra rama del saber— están sujetos a modificación, revocación y relegación al basurero de la historia. Teorías, sistemas sociales, constituciones, tratados y demás van y vienen. Se crean nuevos documentos, y se modifican o suprimen los antiguos. Libros que alguna vez fueron revolucionarios se tornan obsoletos y se quedan sin uso en las polvorientas estanterías de las bibliotecas. La vida avanza, y el mundo también.

Esta dinámica entre el conocimiento metafísico y, en gran medida, permanente del cristianismo, y el conocimiento cambiante y principalmente material del mundo secular fomenta una desconexión preocupante que intensifica la disonancia cultural. La Iglesia tiende a tener una mentalidad histórica, a reflexionar sobre su tradición y preservarla, y a mirar al pasado en busca de su conocimiento. Ha demostrado una tendencia histórica a resistirse al cambio, a veces con fuerza, y no ha aceptado fácilmente la explosión de conocimientos que comenzó con las revoluciones científicas e industriales. El mundo, por el contrario, tiende a pensar en el futuro. Busca nuevos descubrimientos y tecnologías que permitan mejorar la vida terrenal. Con este fin, abraza el progreso científico, industrial, económico y social, y se esfuerza sin tregua hacia las posibilidades futuras.

No solo está aumentando el conocimiento del mundo, sino que el ritmo de crecimiento es cada vez mayor, lo que agrava la desconexión cada vez más profunda entre el conocimiento religioso y el conocimiento secular. Quién sabe lo que la computación cuántica, la inteligencia artificial, la robótica, los drones y la exploración espacial traerán algún día al mundo, pero no será favorable para la Iglesia. Mientras que el conocimiento secular crece exponencialmente y se hace más interesante, atractivo y lucrativo, el conocimiento religioso es fundamentalmente estático, ya que deja poco espacio para la innovación. Aunque haya cierto margen para el desarrollo de la doctrina, hay muchas enseñanzas que nunca podrán alterarse sin cambiar la naturaleza del propio cristianismo.

El cristianismo, para bien o para mal, está firmemente arraigado en su historia y, a veces, se encuentra dominado por ella. Aunque algunos miembros de la Iglesia, sobre todo sus autoridades, tienen amplios conocimientos de la historia y la tradición cristianas, la mayoría de las personas de la sociedad no lee ni estudia historia, mucho menos historia de la Iglesia, y sabe muy poco sobre ella. La mayoría de los cristianos saben aún menos sobre las raíces históricas de Israel y cómo se desarrolló el Antiguo Testamento. Tampoco saben mucho sobre la historia del mundo mediterráneo durante el siglo I d. C., cuando se escribió el Nuevo Testamento. Aunque el cristianismo está impregnado de historia, la mayoría de los cristianos no pueden situar la Biblia en su contexto histórico.

Esta desafortunada desconexión entre la Iglesia y el mundo en cuanto al conocimiento, la historia y la cultura existe dentro de la propia Iglesia. Si uno leyera ampliamente la historia popular de la Iglesia y luego recurriera a libros escritos por historiadores profesionales, encontraría un mundo diferente. De forma similar, quienes leen literatura hagiográfica pueden sentirse inspirados y acercarse más a Dios en su vida espiritual. Sin embargo, también pueden saber muy poco sobre la historia de la civilización occidental, del mismo modo que quienes leen la leyenda artúrica pueden entender muy poco del mundo medieval real.

Cuando la Iglesia no mira hacia atrás, hacia una época anterior, presta más atención a la vida eterna que al mundo temporal del mañana. El mundo, en cambio, se centra en los acontecimientos contemporáneos y en la vida terrenal futura, incluso en la vida humana en Marte, mucho más de lo que considera la antigüedad y la vida después de la muerte. La cultura secular tiene raíces históricas, pero se esfuerza por liberarse de esas raíces y lanzarse a los horizontes aparentemente infinitos de las posibilidades del mañana.

El conocimiento, la historia y la cultura son áreas clave de desconexión entre el cristianismo y el mundo, pero ¿cuál prevalecerá? ¿La cultura y la doctrina cristianas invertirán, de algún modo, la tendencia actual y triunfarán, finalmente, sobre su rival secular moderno? ¿O acaso las sociedades actuales, en constante evolución, persistirán en apartar al cristianismo a un lado? ¿Serán capaces de convertirlo en arcaico algún día, mientras el mundo continúa su implacable marcha del progreso, prácticamente sin obstáculos, hacia un futuro de su propia hechura? O tal vez haya un término medio, feliz o no, en el que el cristianismo sobreviva como una religión más pequeña, pero no necesariamente más pura.

Sin embargo, encontrarse en una encrucijada no es nada nuevo para el cristianismo. Ha estado allí muchas veces en los últimos dos mil años y siempre ha sobrevivido. Aunque haya motivos para el pesimismo, también los hay para la esperanza.

Charles Darwin escribió una vez: «Las especies que sobreviven no son las más fuertes ni las más inteligentes, sino aquellas que se adaptan mejor al cambio». Si la Iglesia cristiana quiere sobrevivir en el siglo XXII, la resistencia y la adaptabilidad serán tan necesarias como la fuerza y la inteligencia. El problema fundamental de la Iglesia en el mundo moderno es que suele quedarse atrás y se ve arrastrada por el movimiento de los acontecimientos contemporáneos hacia un futuro al que tiene la costumbre de resistirse y rechazar. Pero ahora el tiempo es esencial, y el futuro no está tan lejos. Si el cristianismo quiere prosperar, debe adaptarse y responder al cambio. No estoy abogando por un cambio de doctrina, pero deberían considerarse cambios en la predicación y el culto público.

13

Cinco sugerencias

Los problemas no son derrotas, y los retos no son fracasos. Ningún éxito en cualquier tarea, ya sea grande o pequeña, se logra sin resolver problemas o superar obstáculos. A todos nos pasa cada día de nuestras vidas. El fracaso solo se produce cuando somos incapaces de resolver nuestros problemas, y la derrota solo se origina cuando nos vemos superados por nuestros retos.

Los problemas a los que se enfrenta hoy el cristianismo no son insolubles, y los obstáculos no son insuperables. Lo que parece una debilidad puede convertirse, a veces, en una fortaleza, o al menos en una oportunidad de crecimiento. El reto del siglo XXI será mantener la relevancia del mensaje cristiano en un mundo en evolución. Con algo de creatividad, rectitud mental y la voluntad de adaptación, el cristianismo aún puede prosperar.

Ofrezco aquí cinco sugerencias que mejorarán la predicación y el culto público, y que ayudarán a frenar, o invertir, el descenso de la asistencia a las iglesias.

1. El culto público debe ser un momento de oración y no un espectáculo

El mundo tiene muchos eventos, espectáculos y otras formas de entretenimiento con las que la Iglesia no puede ni debe competir. No obstante, la Iglesia ofrece oración pública y privada, y una experiencia con Dios que lleva a la salvación, y eso es algo que el mundo, generalmente, no ofrece.

Sin embargo, las celebraciones festivas y triunfalistas de la Iglesia, que a veces se vuelven ruidosas, no son devotas a la oración ni compiten bien con las celebraciones y fiestas del mundo. El ministro no debe desempeñar el papel de artista, sino el de líder de la oración común, y la música debe conducir a la oración y no estar orientada a la actuación. Dios debe seguir siendo siempre el centro de atención en la oración pública, igual que lo es en la oración privada, y hay que resistir la tentación de eclipsarle como centro de atención. La Iglesia cristiana puede aprender mucho de la forma monástica de oración comunitaria.

2. La clave del éxito de la evangelización es predicar mejor

Cuando la gente acude a la iglesia, busca una experiencia directa con Dios, una experiencia numinosa, algo de otro mundo que le dé sentido a la práctica de la religión organizada. La predicación que está diseñada para evocar una respuesta cálida y emocional, pero que no proporciona un estímulo intelectual, a menudo resulta poco inspiradora e incluso insípida. La predicación constructiva es algo más que dar otra charla anodina sobre alguna idea básica de la vida cristiana. La gente quiere creatividad, originalidad y un contenido intelectual fresco. Del mismo modo, predicar jerga teológica y hacer malabarismos con metáforas, símbolos e imágenes bíblicas nunca pueden sustituir al conocimiento adquirido mediante el estudio de una erudición histórica y bíblica fiable. Una iglesia de signos y símbolos no puede esperar retener a sus miembros en el mundo moderno de las ideas concretas. Debemos ser una Iglesia de aprendizaje auténtico que la sociedad contemporánea encuentre estimulante.

La clave para predicar mejor es incorporar fuentes ajenas a la teología, el estudio de las Escrituras y la espiritualidad cristiana. El mismo estilo y las mismas formulaciones, por muy verdaderas y sanas que sean, producirán los mismos resultados. Se suele atribuir a Albert Einstein la frase de que la locura es hacer lo mismo una y otra vez, y esperar resultados diferentes. Si esperamos tener una nueva evangelización, entonces tendremos que intentar algo nuevo. Quizás el papa Francisco tenía este sentimiento en mente cuando escribió:

> La homilía es la piedra de toque para evaluar la cercanía y la capacidad de encuentro de un pastor con su pueblo. De hecho, sabemos que los fieles le dan mucha importancia; y ellos, como los mismos ministros ordenados, muchas veces sufren, unos al escuchar y otros al predicar. Es triste que así sea. La homilía puede ser realmente una intensa y feliz experiencia del Espíritu, un reconfortante encuentro con la Palabra, una fuente constante de renovación y de crecimiento.

3. La oratoria no tiene por qué ser larga para ser eficaz

El consejo de Franklin Delano Roosevelt a su hijo respecto a hablar en público fue: «Sé sincero, sé breve, siéntate». El discurso de Lincoln en Gettysburg contenía tan solo 272 palabras, y él tardó dos minutos en pronunciarlas. Sin embargo, se recuerda como uno de los mejores discursos de la historia de los Estados Unidos. Edward Everett, quien precedió a Lincoln y habló durante dos horas, le dijo a este más tarde: «Ojalá pudiera presumir de haberme acercado tanto a la idea central de la ocasión, en dos horas, como usted en dos minutos». Ambos presidentes son reconocidos como dos de los mejores oradores públicos de la historia de los Estados Unidos, y sus consejos y ejemplos sobre la brevedad de la oratoria son tan válidos hoy como lo eran cuando ocupaban sus cargos. Tal vez comprendieron que «Donde abundan las palabras nunca falta el pecado, el que refrena sus labios es un hombre precavido» (Proverbios 10:19).

4. Quienes predican deben leer

Los predicadores realizarían un acto de caridad hacia sí mismos y hacia sus congregaciones si leyeran una hora al día y si llevaran un cuaderno de anécdotas e ideas importantes que pudieran incorporar a sus homilías y sermones. Las congregaciones se beneficiarían de la lectura de sus pastores. Predicar teología, Sagradas Escrituras y espiritualidad cristiana es necesario, pero también se pueden extraer ideas sobre la condición humana de otras disciplinas. Los libros escritos por historiadores profesionales —en particular los de Oxford y Cambridge, y los autores británicos en general— son los más gratificantes. Los estudiantes de Historia no son retrospectivos hasta la saciedad, sino previsores. Además, suelen estar de acuerdo con la frase que dice: «La historia no se repite, pero rima». Hay otros temas que merecen la pena leer, entre ellos la actualidad. La psicología puede ser especialmente útil, aunque los libros deben elegirse con precaución.

Con esta sugerencia, no pretendo que los sermones y homilías versen sobre historia, psicología, actualidad o cualquier otro tema. Solo sugiero que las homilías y sermones sobre temas cristianos estén informados y sean enriquecidos por el aprendizaje del pastor en otras disciplinas, y que la dedicación a un programa de lectura mejoraría, en conjunto, la calidad de la predicación en la Iglesia de forma sustancial. ¿Quién no estaría de acuerdo con san Ambrosio, padre de la Iglesia, cuando enseña: «Quien lee mucho y comprende mucho recibe su plenitud. Quien está lleno refresca a los demás»?

Sin embargo, la lectura lleva tiempo y, para algunos, implicará un cambio de vida. Esta es la parte difícil. Es aquí donde debemos invocar el espíritu de sacrificio del cristianismo. Leer durante una hora al día mientras se toman notas es pedir mucho a los pastores cuyas agendas están repletas de obligaciones y eventos. El ministerio requiere mucho tiempo, y la tendencia a la disminución de las vocaciones intensifica el problema. La carga del sacrificio no debe recaer únicamente sobre los ministros, sino que los fieles también deben hacer concesiones. Hay que aconsejar a los laicos que hagan solo peticiones razonables a sus pastores y ministros. Se podría y se debería prescindir de muchas «obligaciones» sociales en favor de la lectura y el desarrollo pastoral, y hay algunos «ministerios» que son redundantes e innecesarios. Si las iglesias se esforzaran en explicar esto a sus feligreses, la inmensa mayoría de ellos solo cumpliría y haría peticiones razonables a sus pastores con la esperanza de que la predicación mejorara.

5. Es necesario elevar el contenido intelectual

Una vez, una anciana aconsejó a un ministro recién ordenado que «bajara esas galletas unos cuantos estantes». Si se refería a rebajar las homilías, no era un buen consejo. Las personas mayores que han asistido fielmente a liturgias y servicios durante toda su vida deberían estar bien versadas en la enseñanza cristiana. No debería ser necesario simplificarla. El filósofo y profesor universitario Immanuel Kant dio un buen ejemplo a los profesores al orientar sus enseñanzas al nivel intelectual de la mitad de la clase, donde se encuentra la mayoría de los alumnos. Los alumnos más brillantes, decía, entenderán lo que les enseñes, y los menos dotados no lo entenderán por muy sencillo que se lo expliques. Aquí hay sabiduría para los predicadores.

La predicación dominical debe dirigirse a las personas que toman las decisiones en el hogar, y se trasladan a sí mismas y a los demás a la iglesia. La predicación dominical debe dirigirse a la capacidad intelectual media de los adultos de la congregación. Estos son los feligreses que debemos conquistar y conservar. Simplificar las homilías y los sermones, a menos que se trate de una liturgia o un servicio para niños, no invertirá la tendencia a la disminución del número de miembros de la iglesia. Los niños de la congregación asistirán con sus padres, lo entiendan o no, y acabarán creciendo intelectualmente de todos modos.

Lejos quedan los días en que el sacerdote o el ministro era la persona más instruida de la ciudad o del pueblo. No hace tanto tiempo que la alfabetización estaba restringida a individuos afortunados con cierta riqueza y tiempo libre. Hoy en día, la alfabetización es universal, y los ministros tienen suerte si se encuentran entre las personas más instruidas de su parroquia. La naturaleza igualitaria del conocimiento en el siglo XXI habría sido impensable para las generaciones anteriores.

Las homilías y sermones deben adaptarse a la congregación a la que se dirigen, y la gente del mundo moderno es inteligente y está bien informada. Escribir un buen discurso público requiere tiempo y trabajo. Winston Churchill admitió una vez que pasaba dieciocho horas preparando un discurso de cuarenta y cinco minutos en el Parlamento. Eso equivale a veinticuatro horas de preparación por cada hora de discurso público. Quizá esto esté fuera del alcance de la mayoría de los ministros, ¡pero Churchill también era un hombre ocupado!

~

En esta reflexión, he ofrecido cinco sugerencias significativas que, si fueran adoptadas por los líderes eclesiásticos y promulgadas en el seno de sus congregaciones, serían bien recibidas y acogidas por la mayoría de los feligreses, y tendrían efectos beneficiosos y de gran alcance. Los evangelistas deben mejorar a la hora de transmitir el mensaje cristiano a una congregación en evolución o la asistencia a la Iglesia en el mundo occidental seguirá disminuyendo. Esto requerirá adaptación y nuevas técnicas.

Se necesita una persona fuerte para ser adaptable y resiliente, y como Churchill dijo una vez: «La batalla al final debe ser para el fuerte».

14

Introducción a la vida espiritual: parte 3

Todos hemos asistido alguna vez a la «escuela de los golpes duros». Algunos nos hemos esmerado en estudiar las lecciones, otros hemos seguido adelante antes de asimilarlas. Muchas de esas lecciones pueden enseñarse solo en la escuela de los golpes duros y en ningún otro lugar. La sabiduría, o vivir de acuerdo con las realidades de la existencia, es una cuestión tanto de conocimiento como de experiencia, y no toda experiencia puede adquirirse en un aula formal. La escuela de los golpes duros es un lugar de aprendizaje y crecimiento. ¿Dónde estaríamos sin ella?

Los monjes benedictinos tienen otra escuela de aprendizaje y crecimiento que san Benito llama «la escuela del servicio al Señor». Esta escuela también implica golpes duros. Los que recorren el camino del verdadero discipulado asisten a ambas escuelas, y es aquí donde reciben una formación en integridad y santidad.

El verdadero discipulado, o la práctica de la religión, comprende las dos categorías principales de la fe y la moral. La palabra *fe* tiene tres significados: (1) un don infundido directamente en nuestra alma, en el bautismo junto con la esperanza y la caridad; (2) una virtud que, como todas las demás virtudes, se fortalece cuando se practica y se atrofia cuando se descuida, y (3) la enseñanza doctrinal, o la religión en general, como se ejemplifica en «la fe cristiana» o «practicar la propia fe».

Algunas personas no tienen fe o la pierden porque piensan que no tienen fundamentos intelectuales para creer en Dios. Deberían saber que hay tres cosas cuya existencia no puede probarse utilizando únicamente la razón humana: Dios, el alma humana y la vida después de la muerte. Los teólogos han elaborado «argumentos convergentes y convincentes» (*Catecismo de la Iglesia católica*, n.º 31) que apoyan la existencia de las tres cosas; pero, a veces, la única manera de creer en Dios es ponerse de rodillas y rezar. La fe en Dios es más una cuestión de vivir una vida de fe, de dirigirse a Dios y tratarle como si existiera, que de intentar llegar a pruebas intelectuales de su existencia.

En esta breve introducción se habrá podido observar que la vida espiritual tiene algo de dualista. El Salmo 1 habla de dos sendas en la vida: el camino de los justos y el camino de los impíos. Si esta tendencia dualista de la vida espiritual hace que suene simplista, piénsalo de nuevo. Recuerda que la base fundamental de las computadoras es un sistema binario (1/0), y de este dualismo se deriva un universo de complejidad. Del mismo modo, la vida espiritual puede parecer simple, pero es muy compleja, y la vida humana es cualquier cosa menos simple o simplista. Se cree que Einstein dijo que la definición de genio es tomar lo complejo y hacerlo simple, y si no puedes explicarlo de forma sencilla, es que no lo has entendido bien. El conocimiento no tiene por qué ser abstruso para ser profundo. Más adelante, hablaré de la naturaleza dualista de la vida espiritual.

En verdad, el conocimiento de la vida espiritual es el más importante que uno puede poseer. No paga las facturas de la mayoría de las personas, pero nos ayudará a obtener la salvación. ¿Hay algo más importante en la vida que asegurarse la salvación eterna?

La ciencia de la vida espiritual es la ciencia de la salvación. En nuestra corta visión, a menudo solo vemos lo que es importante para nosotros en nuestra vida terrenal y, aunque las realidades terrenales tienen importancia temporal, las realidades eternas y espirituales deberían ocupar un lugar más destacado en nuestra lista de prioridades. Es fácil perder de vista consideraciones aparentemente remotas cuando hay tantas exigencias que requieren nuestra atención inmediata, pero si pasamos años preparándonos para la jubilación, ¿no deberíamos prepararnos también para la eternidad que durará infinitamente más?

Siempre debemos tener claras nuestras prioridades en la vida, porque ellas tienen un efecto determinante en nuestro comportamiento. Las relaciones deben ser nuestra máxima prioridad, sobre todo nuestra relación con Dios. Los psicólogos nos dicen que conectar con los demás conduce a la felicidad, por lo que parece que la necesidad de conectar forma parte de la naturaleza humana. Sin embargo, también forma parte de nuestra naturaleza ser seres religiosos, lo que significa que necesitamos conectar con Dios incluso más que con otros seres humanos. Conectar con Dios, en efecto, conduce a la mayor felicidad posible, así como a la salvación eterna. Puede que no experimentemos esa felicidad a corto plazo, y la cruz siempre forma parte del auténtico discipulado. No obstante, si nuestras prioridades están alineadas correctamente, deberíamos estar dispuestos a retrasar la gratificación al servicio de Dios y por el bien de nuestro bienestar eterno y el de aquellos a quienes Dios nos llama a servir.

> **Principio espiritual n.º 9:** Las relaciones son la prioridad
> más importante en la vida, especialmente nuestra
> relación con Dios.

Algunos santos han enseñado que no hay nada pequeño en la vida espiritual. Por otra parte, en nuestras vidas terrenales, hay muchas cosas poco importantes, incluso triviales, que no tendrán importancia en el juicio. Las pequeñas cosas significan mucho en la vida espiritual. Pequeños actos de caridad, de perdón, de abnegación, de bondad. Las pequeñas victorias sobre el mal se suman porque los actos forman hábitos, y los hábitos forman disposiciones, y las disposiciones forman el carácter, y según el filósofo griego Heráclito, el carácter es el destino. El libre albedrío tiene una característica autodeterminante. Nosotros moldeamos el tipo de persona en que nos convertimos y participamos en nuestra propia formación.

Principio espiritual n.º 10: No hay nada pequeño en la vida espiritual.

Principio espiritual n.º 11: Los actos forman hábitos, los hábitos forman disposiciones, las disposiciones forman el carácter, y el carácter es el destino.

El principio es lo más importante. Con esto quiero decir que, si empezamos bien, la mitad de la batalla está ganada; pero, si al principio dejamos las cosas para más tarde o tomamos atajos, siempre estaremos en una situación de desventaja.

San Bernardo tenía la costumbre de decirse a sí mismo, con regularidad, que ahora era el momento de empezar a vivir la vida espiritual, y san Juan Vianney decía, al levantarse cada mañana, que tenía que volver a empezar en la vida espiritual. Todo camino comienza con el primer paso, y el camino hacia el reino de Dios comienza siempre hoy, siempre en el momento presente. Jean Pierre de Caussade enseñaba que cada momento presente es un sacramento de la presencia de Dios.

15

La amistad con Dios

En Génesis, Dios nos dice que no es bueno que el ser humano esté solo (2:18). Se lo dijo a Adán en el huerto del Edén antes de crear a Eva para que fuera su compañera. La interpretación estricta de este pasaje se refiere al matrimonio entre hombre y mujer. Sin embargo, hay una interpretación más general que también se aplica: no es bueno que una persona esté sin compañía, no importa de qué clase.

El ser humano es una criatura de naturaleza comunitaria, social y relacional, y sabemos que no hay nadie que sea una isla. Por ello, interpreto Génesis 2:18 en el sentido de que todos los hombres y mujeres deben tener al menos una persona en quien confiar. Esta interpretación se corresponde con Santiago 5:16, que les aconseja a los miembros de la Iglesia primitiva que «reconozcan sus pecados unos ante otros», no porque sea útil para la comunidad conocer los pecados de los demás, sino porque es beneficioso para quienes se confiesan. Los que alguna vez han acudido a un consejero saben que el mero hecho de contarle sus problemas a otra persona tiene, en sí mismo, una propiedad curativa, aunque el consejero no pueda decir ni hacer nada para resolver el problema o aliviar la angustia psíquica. Decir y contar en psicología, y en la vida espiritual, equivale a sanar.

Si vamos un paso más allá, Génesis 2:18 también puede aplicarse a la amistad. No es bueno que una persona carezca de amigos porque la amistad es una necesidad humana universal y un don de primer orden. Esto se aplica incluso al Señor en su naturaleza humana, ya que la amistad es una necesidad y un don tanto para él como para nosotros.

En el Eclesiástico leemos:

> Un amigo fiel es una protección segura;
> el que lo encuentra ha encontrado un tesoro.
> Un amigo fiel no tiene precio;
> su valor no se mide con dinero. (6:14-15)

~

La palabra *temor* en las Escrituras, en referencia a Dios, significa respeto reverencial que suscita temor y obediencia. Los que temen a Dios, aquellos que lo respetan y obedecen de verdad, suelen ser personas de buen corazón y tratan de vivir de acuerdo con el evangelio. Obedecen los mandamientos, sobre todo los dos grandes mandamientos, los cuales son el resumen de toda la vida cristiana. Son personas que comparten, en cierta medida, la vida y la santidad de Dios. Las personas que temen al Señor son verdaderos amigos. De nuevo, en el Eclesiástico leemos lo siguiente:

El que teme al Señor encamina bien su amistad,
porque como es él, así también será su amigo. (6:17)

La segunda parte de este versículo se refiere a la idea de que nos parecemos a la compañía que frecuentamos (Proverbios 13:20, 1 Corintios 15:33). Esto apunta no solo a nuestra naturaleza maleable como criaturas, sino también a que, en parte, somos moldeados para bien o para mal a través del condicionamiento social y de los factores ambientales.

La naturaleza divina, por otra parte, es inmutable, y eso es algo bueno teniendo en cuenta algunas de las compañías que Jesús tuvo durante su vida terrenal. Vino a llamar a los pecadores, no a los justos (Marcos 2:17). Llamar a los pecadores significa asociarse con ellos e incluso entablar amistad con ellos. En Lucas leemos lo siguiente:

Porque llegó Juan el Bautista, que no come pan ni bebe vino, y ustedes dicen: «¡Ha perdido la cabeza!». Llegó el Hijo del hombre, que come y bebe, y dicen: «¡Es un glotón y un borracho, amigo de publicanos y pecadores!». (7:33-34)

Jesús es amigo de los recaudadores de impuestos y de los pecadores, pero no llega a ser como ellos. La amistad que les ofrece tiene por objeto permitirles parecerse más a él y, con el tiempo, convertirlos en santos y, si es posible, en héroes santos. Cristo ofrece su compañía a los recaudadores de impuestos y a los pecadores para que un día puedan corresponder a la amistad de Dios.

Todos nosotros hemos sido llamados a la amistad con Dios. Cuando meditamos sobre este asunto, ¿qué vocación o misión más elevada existe que la de ser un verdadero amigo de Dios en esta vida y en la venidera?

La amistad verdadera y el compañerismo cristiano

Virtud moral	Virtud intelectual
Buena voluntad	Orientación al contenido
Caridad efectiva	Sustancia
Altruismo	Aprendizaje
Solidaridad	Conocimiento
Sentido de pertenencia	Verdad
Ayuda y apoyo mutuos	Comprensión
Beneficencia	Sabiduría
Confianza (la base de todas las	Prudencia
relaciones humanas)	Inteligencia

La amistad falsa y el compañerismo no cristiano

Vicios morales	Vicios intelectuales
Voluntad impía	Trivialidad
Malicia	Frivolidad
Maleficencia	Vacuidad
Egocentrismo	Superficialidad
Narcisismo	Insensatez
Egoísmo	Vacío
Antipatía	Vanidad
Antagonismo	Sensualidad
Aislamiento	Hedonismo
Soledad	Mentira y engaño
Desconfianza	Irracionalidad

16

Introducción a la vida espiritual: parte 4

Se ha vertido mucha tinta tratando de ofrecer una explicación adecuada de la existencia del mal en el mundo, como si tal explicación pudiera aliviar al menos un poco de la ansiedad y el dolor que experimenta la humanidad a causa de él. En la vida espiritual, distinguimos entre el mal moral, que es el mal cometido por seres racionales (humanos y ángeles) y que incluye algún tipo de falta moral, y el mal natural, que ocurre en el mundo natural y que implica catástrofes como huracanes, tornados y volcanes. La explicación del segundo corresponde a las ciencias, mientras que el primero es competencia de la religión, la filosofía y el derecho.

Recordemos que los filósofos griegos del mundo antiguo enseñaban que el mal es una privación de un bien que debería existir pero que está ausente. El bien ausente, según la tradición espiritual cristiana, es la gracia y la virtud. Por lo tanto, la existencia del mal moral en el mundo depende de si las personas eligen el vicio en lugar de la virtud y la voluntad de Dios en lugar de la voluntad propia. La sede de la elección individual se encuentra en el libre albedrío, que tiene la capacidad de elegir entre el bien y el mal. La respuesta cristiana al problema del mal en el mundo ha sido siempre que Dios dotó a cada ser humano de libre albedrío y que el mal existe en el mundo porque la humanidad lo elige.

Ser genio, como sostenía Einstein, consiste en hacer sencillas las cosas complejas, pero esta respuesta no satisface plenamente nuestra necesidad de saber por qué existe el mal en el mundo. El libre albedrío es una facultad de elección, pero no explica cómo elegimos ni por qué elegimos. La respuesta a este enigma es compleja, y siempre será objeto de investigación y especulación en las ciencias psicológicas y la espiritualidad, pero la teología cristiana ofrece una breve explicación:

Principio espiritual n.º 12: La voluntad siempre elige el bien.

El bien aquí no es necesariamente el bien verdadero. La facultad del intelecto identifica lo que *cree* que es el bien a través de la cognición, pero el intelecto humano es tan propenso al error como la voluntad humana. La distinción aquí es entre el bien auténtico y un bien percibido, o uno que al intelecto le *parece* bueno pero que, en realidad, es falso y engañoso. La voluntad actúa sobre esta determinación del intelecto y elige siempre lo que percibe como el bien, aunque sea un bien falso. La percepción siempre precede al juicio. Por eso, cuando las personas eligen el vicio y el mal, lo hacen porque perciben algún bien en ellos, aunque solo sea un bien engañoso o egoísta.

Entonces, ¿cómo se engaña a la voluntad y al intelecto? Aunque las ciencias psicológicas ofrecen abundantes conocimientos sobre este tema, desde la perspectiva de la vida espiritual, se destacan tres razones: (1) las pasiones, (2) el uso inadecuado de la razón humana o la mala toma de decisiones, y (3) el hábito de obrar mal y pecar.

La palabra *pasión* se define como: (1) un sentimiento o emoción fuerte, (2) un interés o deseo fuerte, y (3) un tiempo de sufrimiento intenso, normalmente referido a la Pasión de Cristo, pero a veces a santos y personas santas que sufren en unión con Jesús y por imitación de él. Como sentimiento o deseo, las pasiones son neutras en sí mismas, pero pueden dirigirse hacia fines virtuosos o viciosos. En la literatura espiritual cristiana, la palabra *pasión* se utiliza, a menudo, en sentido peyorativo e implica estar inusualmente apegado a algo. Un ejemplo bíblico de este uso procede de san Pablo cuando se refiere a las pasiones y deseos egoístas e irrazonables de la carne (Gálatas 5:24).

La pasión del odio es un tema especialmente difícil de comprender. Funciona en coordinación con la pasión del amor. El amor atrae la voluntad hacia lo que el intelecto percibe como el bien, mientras que el odio provoca una aversión hacia lo que el intelecto percibe como el mal. ¿Qué significa en la Biblia cuando se dice que Dios «odia» algo (por ejemplo, Salmos 45:8)? ¿Y cuando se atribuye el «odio», o un sentimiento similar, a uno de los patriarcas, profetas u otro personaje bíblico? Los comentarios sobre la Sagrada Escritura definen el *odio* en la Biblia como la preferencia por una cosa sobre otra, de modo que, si la Escritura dice que Dios «odia el mal», debe interpretarse en el sentido de que prefiere el bien sobre el mal. Algunas traducciones de la Biblia afirman que Jacob odiaba a Lea y amaba a Raquel, lo que significa que prefería a Raquel antes que a Lea como esposa y le mostraba más favor, ya que la amaba más. (Génesis 29:30-31)

Por lo tanto, desde el punto de vista de la hermenéutica bíblica, la palabra *odio* no siempre se utiliza en la Biblia tal como se emplea comúnmente en español, es decir, con una connotación negativa, incluso maliciosa. Es cierto que cuando experimentamos el odio exteriorizado, y especialmente cuando este va unido a la ira, casi siempre resulta vicioso, pero cuando se mantiene bajo control y se orienta hacia el verdadero bien, puede dirigirse hacia fines virtuosos. El odio como pasión en sentido neutro es una parte constitutiva de la naturaleza humana creada por Dios para ayudar a los seres humanos a rechazar una cosa con preferencia a otra. Es un inconveniente y, en cierto modo, una vergüenza que la misma palabra en español se utilice tanto para referirse a la malicia como a una parte natural del ser humano.

En el segundo sentido, la palabra *pasión* puede usarse como un fuerte interés o deseo. Puedo tener un interés por el fútbol, que no es moralmente objetable, pero si me apego tan fuertemente a él que me lleva a hacer el mal o a pecar, entonces se ha convertido en una pasión. Los juegos de azar no son moralmente objetables si se practican con moderación y de forma recreativa, pero si mi hábito de juego se ha arraigado tan profundamente que se convierte en una adicción, entonces me he apegado a él y es muy posible que se vuelva pecaminoso.

Principio espiritual n.° 13: Todo pecado implica un
vínculo malsano a las criaturas.

La segunda razón por la que la voluntad y el intelecto son engañados —es decir, el uso inadecuado de la razón humana o la mala toma de decisiones— a menudo está relacionada con las pasiones. En el Nuevo Testamento, leemos acerca de las pasiones egoístas e irrazonables de los deseos de la carne (Gálatas 5:24), y con un poco de consideración y algunas pruebas empíricas, está claro cuán egoístas e irrazonables pueden ser los seres humanos.

La tercera razón es que el hábito de pecar y obrar mal oscurece y corrompe la mente, lo que hace que sea más difícil discernir lo que es verdaderamente bueno de lo que es engañoso y perjudicial. Los malos actos repetidos representan una amenaza para la salud espiritual porque deforman la conciencia y distorsionan el carácter moral. En los Hechos de los Apóstoles, las escamas que cayeron de los ojos de san Pablo cuando Ananías le impuso las manos eran un signo de ceguera física y espiritual (Hechos 9:17-18). Del mismo modo, el pecado hiere espiritualmente al alma como las heridas físicas afectan el cuerpo. La elección del mal daña a los demás, pero daña al pecador tanto o más que a ellos.

Principio espiritual n.° 14: Toda rebelión conduce a
la muerte. La paga del pecado es la muerte
(Romanos 6:23).

La solución a la existencia del mal en el mundo es la obediencia a la voluntad de Dios, la práctica de la virtud moral e intelectual, la toma de decisiones acertadas, la rectitud mental y el buen juicio. La base de una buena toma de decisiones es el uso correcto de la razón humana.

La cultura moderna transmite, a menudo, mensajes que entran en conflicto con la enseñanza cristiana tradicional sobre la vida espiritual. Uno de ellos es que la sensibilidad y las emociones humanas son una base aceptable para tomar decisiones morales. La tradición cristiana, por otra parte, no recomienda la sensibilidad y las emociones como base sólida para la toma de decisiones morales. Esta tradición y un poco de autorreflexión nos recuerdan que hay multitud de ejemplos en la vida de la mayoría de nosotros en los que la sensibilidad y las emociones han demostrado ser notoriamente poco confiables.

Es preferible la razón iluminada por la gracia. El hábito de la oración ayuda mucho a obtener la gracia, y un poco de estudio de la lógica es útil para mejorar la facultad de razonar. Además, las ciencias psicológicas ofrecen una gran cantidad de información útil. Por ejemplo, los investigadores han descubierto que los expertos en resolución de problemas tienen tres ventajas clave sobre los principiantes: (1) emplean principios de solución en lugar de basarse en características superficiales; (2) razonan desde las premisas hasta las conclusiones en lugar de trabajar a partir de ideas preconcebidas, y (3) utilizan la fragmentación, que se refiere a la capacidad de la memoria para agrupar fragmentos de conocimiento.

También es útil distinguir entre certeza absoluta y certeza moral. Hubo un tiempo en que los matemáticos creían que las matemáticas newtonianas se aplicaban a todo lo que existía en el universo, pero los matemáticos y físicos del siglo XX, sobre todo Einstein, cambiaron esa opinión. De hecho, hay pocas cosas en la vida de las que podamos estar absolutamente seguros, y el listón de la certeza absoluta está muy alto. En cambio, la certeza moral es menos difícil de alcanzar. Tras un periodo de reflexión y examen, y teniendo todas las variables en cuenta, si las pruebas apuntan en una determinada dirección, entonces puedo alcanzar un nivel de certeza moral sobre el asunto en cuestión. Puede que no tenga una certeza absoluta, pero puedo estar moralmente seguro de la veracidad o falsedad de una afirmación, o de lo correcto o incorrecto de una acción.

Si es difícil aplicar la norma de la certeza absoluta a la realidad física, resulta aún más problemático cuando se considera la realidad metafísica. Para mantener una conversación sobre teología, es necesario ponerse de acuerdo sobre la existencia de tres cosas que no pueden probarse utilizando únicamente la razón humana, sino que deben aceptarse por fe: Dios, el alma humana inmortal y la vida después de la muerte. La norma de la certeza moral es mucho más fácil de aplicar a estas cosas, ya que todo en la vida me convence de su existencia.

17

La senda de la vida

BelCap y TimTop se encontraban a la entrada de la senda de la vida.

Como tenían la misma edad, estudiaron juntos, se hicieron amigos, jugaron juntos al béisbol y al fútbol, y tuvieron citas dobles en la secundaria.

Cuando se disponían a tomar caminos separados, llegaron a una encrucijada. A la izquierda, vieron un camino ancho pavimentado con flores, arbustos ornamentales y árboles frutales. Un cartel al principio del camino señalaba: «Facilidad y comodidad». Otro indicaba: «Deleite para los ojos». Un tercer cartel decía: «El camino es ancho y angosto».

BelCap se preguntó por el significado del tercer cartel.

Había un hombre de pie a la entrada del camino de la izquierda. Era guapo, de buen parecer, y vestía un traje fino con una corbata escarlata y un clavel carmesí en la solapa. Sonreía con aire de bienvenida. Se llamaba Abadón.

A la derecha, había una puerta angosta. Allí se encontraban dos carteles que decían: «Cristo» y «Discipulado verdadero». A un lado de la puerta había un hombre vestido con una túnica raída y desgastada. Llevaba el pelo revuelto y la barba descuidada. Calzaba sandalias y parecía el tipo de persona que pediría dinero a los caminantes, uno de esos desamparados sin mucho a su favor.

TimTop se preguntó por el hombre de la puerta.

BelCap se volvió hacia TimTop y le deseó suerte en su viaje. Acordaron que volverían a verse algún día.

BelCap se dirigió hacia la izquierda, y el hombre Abadón se sonrió aún más. BelCap empezó a caminar hacia el sendero, y se dio cuenta de que era ancho y llano y fácil de recorrer. Había piedras de granito a ambos lados y la hierba alrededor de los adoquines estaba recortada. Los árboles daban frutos que parecían buenos para comer. Se sintió seguro de que era una buena elección.

TimTop se acercó al hombre de la túnica raída y polvorosa, y se preguntó si iba a pedirle dinero. El hombre lucía y olía como si hubiera hecho un largo viaje. De aspecto polvoriento, parecía necesitar un buen plato de comida y un lugar donde dormir. Cuando TimTop se acercó a la puerta, el hombre la abrió de un tirón. Sin decir palabra, TimTop cruzó la puerta y entró por el camino angosto.

A medida que BelCap avanzaba en su viaje, empezó a ver más indicaciones como las de la encrucijada. Algunas tenían flechas que apuntaban a la izquierda o a la derecha, otras no. Los letreros decían: «Pereza», «Envidia», «Orgullo» y «Lujuria». Los ignoró y continuó su camino.

Mientras TimTop andaba por el camino angosto, también empezó a ver señales que indicaban: «Trabajo», «Dificultad», «Paciencia» y «Buena voluntad». Preguntándose si había tomado la decisión correcta, pensó en BelCap y en cómo le estaría yendo. Más adelante, vio carteles que decían: «Fe», «Esperanza» y «Prudencia». Sintiéndose algo consolado, decidió continuar y se preguntó si el hombre de la túnica raída seguiría esperando en la puerta.

A medida que los meses se convertían en años, BelCap fue superando muchos hitos de la vida. Se casó y empezó a formar una familia. A lo largo del camino, había señales que decían: «Codicia», «Superficialidad», «Frivolidad» y «Vanidad». Recordaba haber cometido algunas pequeñas faltas de vez en cuando por el camino, y estaba aquel pequeño romance con una joven antes de que ella se marchara de la ciudad. Sin embargo, BelCap gozaba de la simpatía general de sus compañeros y se ganaba bien la vida.

TimTop también se casó y tenía un empleo digno. El camino que eligió se hacía cada vez más angosto. En varios puntos pasó junto a señales que indicaban: «Sufrimiento», «Paciencia», «Justicia» y «Fortaleza». Una vez pasó junto a una señal que decía: «Camino de la Cruz». Nunca olvidó al hombre de la túnica andrajosa.

Pasaron muchos años, y los hijos de BelCap crecieron y se fueron de casa. Seguía casado con su mujer, pero eran infelices. A lo largo del camino, BelCap pasó por señales que decían: «Avaricia», «Ira» y «Gula». Recordó momentos en los que se había enfadado innecesariamente con su mujer y sus hijos. Había comido y bebido demasiado, y se le notaba. En un momento dado, BelCap estaba malversando fondos de su empresa en pequeñas cantidades que nadie notaría fácilmente. Entonces empezó a percibir que sus compañeros de trabajo se estaban dando cuenta, así que solicitó otro empleo y fue contratado. Mientras seguía caminando por el sendero, se dio cuenta de que los árboles daban cada vez menos frutos hasta que finalmente solo tenían hojas. Las flores que antes bordeaban el sendero habían desaparecido, y en el suelo, donde antes crecía la hierba, ahora había hojas y otros signos del otoño. Los adoquines ya no existían, y era más fácil desviarse del camino. A veces lo hacía, solo para regresar decepcionado.

Los hijos de TimTop también crecieron y se marcharon de casa para formar sus propias familias. Su camino le llevó a una zona desértica marcada como «Abnegación», «La santa cruz», «Purificación» y «Templanza». A veces se sentía abatido, sobre todo cuando aparecían las señales de «Tribulación» y «Prueba», pero otras veces lo animaban las señales que decían «Recompensa», «Cumplimiento» y «Satisfacción». TimTop nunca se arrepintió de haber elegido este camino.

En sus últimos años, BelCap disfrutó de cierta riqueza, pero el camino que recorría estaba cada vez más desolado y se volvía cada vez más estrecho. Los árboles eran de hojas caducas en invierno, y de vez en cuando, le parecía ver lo que podría haber sido una langosta. En alguna ocasión vio un escorpión en el camino, al que esquivó con cuidado. Las pocas babosas y los caracoles que encontró, los pisó. Los carteles que cruzó señalaban: «Egoísmo», «Arrogancia» y «Amor propio». En un momento de su viaje, se topó con un «Desfiladero», que evitó por muy poco.

TimTop se jubiló y envejecía lentamente. Al mirar atrás en su vida, recordaba haber pasado por épocas de «Humillación» y «Sacrificio», «Confianza en Dios», y «Autocontrol». Él y su mujer seguían felizmente casados y ayudaban a criar a sus nietos. Las señales en el camino en esta época de su vida decían: «Servicio», «Benevolencia», «Luces» y «Consejos». Nunca miró atrás con pesar.

Cuando BelCap se acercaba al final de su vida terrenal, se encontró con un hombre de pie junto a una puerta. Había otro hombre de pie a lo largo del camino, a unos seis metros antes de la puerta, y un cartel a su lado decía: «Manipulación y engaño». Ambos hombres vestían túnicas manchadas. Junto a la puerta había un cartel que indicaba: «La tierra de la desolación». El hombre de la puerta sonrió ligeramente y miró a BelCap. Se llamaba Apolión. A pesar de estos presagios, una sensación de calma invadió a BelCap, la misma que se siente cuando se avecina una tormenta. Sabía que había llegado su hora.

El hombre llamado Apolión no abrió la puerta. Ese no era su trabajo. BelCap y él esperaron un momento mientras el otro hombre miraba. La puerta se abrió sola, y BelCap se acercó a ella. Al pasar junto al hombre llamado Apolión, percibió un leve olor que le recordó a un reptil o a una bolsa de gusanos de la harina. Apolión sonrió.

TimTop también se acercaba al final de su vida y pasó junto a letreros que decían: «Caridad» y «Virtud». Se encontró con un hombre ante una señal que decía: «Guardián y guía». TimTop se sintió reconfortado. Más adelante vio otra señal que indicaba: «La tierra de los vivos».

TimTop sabía que el viaje de su vida estaba llegando a su fin y, mientras soportaba su última enfermedad, vio señales que decían: «Tolerancia» e «Indulgencia». La última señal que recordaba haber visto antes de dormirse fue «Caridad perfecta».

Al atravesar la puerta, BelCap perdió el conocimiento. Cuando despertó, estaba cegado por una oscuridad como si nunca en su vida hubiera poseído el sentido de la vista. Era más oscuro que cualquier cielo nocturno, la ausencia total de luz o de cualquier otra cosa. Detrás de él oyó una voz profunda y ronca, clara y ominosa… «Ay, ay, ay, ay, ay…». Delante de él sintió que algo lo observaba, pero no lo sabía con certeza. De repente, el suelo pareció desvanecerse bajo sus pies, y sintió que empezaba a caer como en un abismo. Lo último que recordó fue haber gritado: «¡QUIERO VIVIR! ¡QUIERO VIVIR!».

Cuando TimTop despertó, estaba en un jardín lleno de las flores más hermosas que jamás había visto. Ante su mente pasaron todas las escenas de su vida. Frente a él, al otro lado del jardín, había un Ser de luz que emanaba calidez y benevolencia. TimTop se sintió acogido, como si estuviera destinado a estar allí en ese preciso momento, como si el Ser de luz lo hubiera estado esperando desde hacía mucho tiempo. TimTop se dio cuenta de que había llegado su hora…

Ninguno de los dos habló de forma audible, pero TimTop fue consciente de que el Ser de luz le hacía una pregunta. No era una pregunta audible, sino más bien una impresión que llenaba todo el ser de TimTop. Era lo único en lo que podía pensar en ese momento:

«¿Qué hiciste con el amor que te di?».

Mientras repasaba mentalmente las escenas de su vida, TimTop reflexionó un momento. Con cierta pena y vacilación, estaba a punto de hablar, pero antes de que pudiera hacerlo, una voz procedente de lo más profundo de su interior, clara y nítida como si surgiera de sus entrañas, respondió:

«Hice lo mejor que pude».

Un mapa espiritual

18

El principio «pero-también»

Un principio útil en teología y en la vida espiritual es el que yo llamo el principio «pero-también», también conocido como el principio «tanto-como». Permite mantener en la mente dos aspectos aparentemente irreconciliables y hasta contradictorios de una realidad física o metafísica. La clave para utilizarlo con éxito es aplicar el equilibrio y la buena voluntad en la interpretación.

El principio «pero-también» es relevante para la siguiente doctrina cristiana, pero no se limita a ella:

a) La Santísima Trinidad son tres personas divinas y un solo Dios.

b) Dios es *tanto* tres *como* uno.

c) Dios es tres, *pero también* es uno.

• • •

a) Jesucristo es una persona divina con dos naturalezas: divina y humana.

b) La persona divina de Jesucristo posee *tanto* una naturaleza divina *como* una naturaleza humana.

c) La persona de Cristo posee una naturaleza divina, *pero también* posee una naturaleza humana.

· · ·

a) La Iglesia cristiana es de este mundo y del venidero.

b) La Iglesia es *tanto* temporal y terrenal *como* espiritual, celestial y eterna.

c) La Iglesia es temporal y terrenal, *pero también* es espiritual, celestial y eterna.

· · ·

a) La Iglesia es humana y divina.

b) La Iglesia tiene *tanto* un elemento humano *como* un elemento divino.

c) La Iglesia es humana, *pero también* es divina.

· · ·

a) En la Iglesia hay mundanidad y división, pero también santidad y unidad.

b) En la Iglesia hay *tanto* mundanidad y división *como* santidad y unidad.

c) La Iglesia es mundana y está dividida, *pero también* es santa y está unida.

· · ·

a)   La Escritura es la Palabra de Dios en palabras
     humanas.

b)   La Escritura es *tanto* la Palabra inspirada por Dios
     como una colección de documentos históricos.

c)   La Escritura es inspirada, *pero también* es una
     composición de escritos humanos que tardaron
     siglos en compilarse y que supusieron un gran
     esfuerzo e ingenio humanos.

. . .

a)   El ser humano es cuerpo y alma.

b)   El ser humano se compone *tanto* de un principio
     espiritual que llamamos alma *como* de una sustancia
     corporal que llamamos cuerpo.

c)   El ser humano tiene cuerpo, *pero también* tiene alma.

. . .

a)   El ser humano es mortal y eterno.

b)   El ser humano es *tanto* mortal en lo que se refiere a
     esta vida *como* eterno en lo que respecta a la otra.

c)   Los seres humanos somos mortales, *pero también*
     somos eternos.

. . .

Una de las formas en que ha surgido la herejía en la Iglesia
es que enfatiza, en cierta medida, la verdad de un aspecto de
una realidad física o metafísica, y atenúa la verdad de otro.
Ciertamente, hay grados de importancia entre los dos lados
del principio «pero-también». Por ejemplo, la divinidad es

más importante que la humanidad, pero ambos lados siguen siendo verdaderos.

Una imagen útil es la de un subibaja. Una de las cosas más importantes en la vida es el equilibrio, y aún más importante es la buena voluntad. Intentamos mantener el balancín en equilibrio, aunque haya grados de importancia, y utilizamos la buena voluntad para interpretar no según nuestra propia voluntad y preferencias, sino de acuerdo con la doctrina cristiana aceptada.

19

Impulsos y decisiones binarias

Como ya se ha mencionado, la decisión binaria que todas las computadoras toman en su núcleo es entre 1 y 0. Todos los cálculos que realizan las computadoras se derivan de esta decisión fundamental.

Los seres humanos también tenemos un núcleo, lo llamamos corazón. Es el centro de nuestro ser, la parte más profunda de lo que somos. Sin embargo, las personas no son computadoras y, a pesar de la enorme capacidad de cálculo de las máquinas modernas actuales y de su potencial casi infinito, las computadoras nunca poseerán un corazón y un espíritu humanos. Somos más que una opción binaria, y la gracia no se imparte a las computadoras. Las máquinas son más complejas que los humanos en algunos aspectos, pero no en todos. Las computadoras tienen su propia forma de complejidad, del mismo modo que los seres humanos tenemos las facultades de la voluntad y el intelecto que nos hacen complejos de un modo que las computadoras nunca lo serán, a pesar del debate en curso sobre si algún día adquirirán o no conciencia.

Al igual que todas las analogías y metáforas fracasan, reducir a una persona a un mecanismo binario y disminuir sus impulsos espirituales y decisiones racionales a un sistema binario acabarán fracasando. Sin embargo, aunque el Salmo 1 es una simplificación —hay dos caminos que una persona puede elegir, el camino bueno o el camino malo, y hay dos destinos finales y eternos, el cielo y el infierno—, esta simplificación no deja de ser cierta y útil. Del mismo modo, el corazón, la mente y la voluntad del hombre son importantes objetos de estudio en la vida espiritual, por irreductibles que sean. Dar cuenta de sus aspectos binarios, aunque esa cuenta sea una simplificación, resulta útil. Einstein, que comprendía los entresijos de las matemáticas como nadie, sostenía que, si no podemos explicar algo en términos sencillos, es que no lo hemos comprendido bien.

Primer impulso espiritual del corazón humano

El primer impulso del corazón humano es siempre el amor, que es una palabra ambigua y variable en español. Un *impulso* espiritual no es lo mismo que una *decisión* consciente y racional tomada mediante un razonamiento discursivo e intuitivo. El primer sentimiento de amor es un movimiento o impulso espiritual que nace de lo más profundo de nuestro ser y no está totalmente bajo nuestro control consciente ni sujeto a un proceso inmediato de toma de decisiones. Sin embargo, podemos responder a él después de que se haya producido el movimiento o impulso mediante actos internos o externos, y con el tiempo, puede fortalecerse o disminuir. La gracia también puede influir en él, pero siempre con el fin de acercarnos a Dios y ayudarnos a alcanzar la salvación. La *formación* es el término que utilizamos para designar el proceso continuo que se produce a lo largo del tiempo, por el que nuestros actos —internos y externos— interactúan con la gracia divina, si es que esta, de hecho, se nos está impartiendo.

El amor espiritual siempre va más allá de sí mismo, hacia un objeto exterior a él. Tiene preferencia y selecciona un objeto que llamamos el bien, ya sea real (verdadero, actual) o percibido (imaginario, falso). Nuestro corazón ama espiritualmente lo que identifica como bueno y odia lo que identifica como maligno, malo, inferior o, de alguna manera, defectuoso.

El problema surge porque las palabras *amor*, *odio*, *bueno* y *malo* son relativas y tienen un significado incierto. Algunas traducciones de la Biblia utilizan la palabra *odio* cuando otra palabra o frase sería más adecuada. Sin embargo, como los editores quieren que sus traducciones se lean con elegancia, optan por no utilizar palabras o frases que suenen toscas, poco naturales o que no se ajusten al uso común. Como la elegancia no es mi prioridad principal, aquí me permito el lujo de utilizar otras palabras para evitar las connotaciones negativas que conlleva la palabra *odio*.

Primer impulso binario del corazón humano

Amor	Odio
Afecto	Desafecto
Atracción	Repulsión
Inclinación	Desgana
Preferencia	Disfavor
Predilección	Desamor

Es importante señalar que el primer impulso del corazón humano es inconstante, variable, cambiante, incluso caprichoso, y a veces nos sorprende. No solemos reflexionar sobre el impulso inmediato en el momento en que se produce, pero está disponible para la introspección. Aun así, solemos reaccionar y seguir adelante.

Nuestro corazón tiene mente propia, por así decirlo, y no podemos cambiarlo de la noche a la mañana, ni por un mero acto de voluntad ni mediante el razonamiento. Algunos impulsos y deseos son particularmente difíciles de superar, como cuando amamos a alguien que no corresponde nuestro amor o deseamos algo que no podemos tener. Si el impulso es lo bastante fuerte, podemos desilusionarnos, entristecernos, sentir envidia y, a veces, reaccionar de forma poco amorosa y hasta odiosa.

Segundo impulso espiritual del corazón humano

El segundo impulso del corazón humano es el que se produce entre el interés y el desinterés. Cuando miramos en nuestro interior, descubrimos que estamos interesados en este tema y desinteresados en aquel. No afirmo que este segundo movimiento siga cronológicamente al primero, ni que la voluntad y el intelecto desempeñen ningún papel en nuestros intereses o desintereses. Solo sugiero que este segundo impulso se produce al mismo tiempo que el primero o después de este, y que proviene de lo más profundo de nosotros mismos.

El impulso natural del interés y el desinterés tiene un carácter espontáneo. No siempre podemos determinar quién o qué nos interesa o desinteresa. Este impulso es más automático que volitivo. Conocemos a algunas personas que nos interesan de inmediato y a otras que nos interesan poco o nada. Hay quienes descubren en su juventud que les interesa un determinado campo de estudio o profesión, aunque apenas puedan explicar por qué existe ese interés.

A medida que avanzamos en la vida, nos damos cuenta de que nuestros intereses y desintereses cambian. A veces perdemos el interés por algo que antes nos fascinaba, y otras veces ganamos interés por lo que antes nos aburría y cansaba. Descubrimos que algunos intereses se profundizan y refuerzan con el tiempo, y los desintereses se convierten en aversiones. Todo esto sucede de una manera que, en cierta medida, escapa a nuestro control. El corazón tiene mente propia.

Tercer impulso espiritual del corazón humano

El tercer impulso del corazón humano, que avanza junto con los dos primeros, oscila entre la aceptación/aprobación y el rechazo/desaprobación. Como los otros dos, este movimiento es poderoso y potencialmente peligroso a la vez. El objeto primordial de nuestro amor debe ser siempre Dios, ya que él diseñó nuestra naturaleza para que fuera así, y todo pecado implica un apego malsano hacia los demás. Esto debe aceptarse *a priori* y exige que amemos y aceptemos lo que viene de Dios, por un lado, y que desaprobemos y rechacemos lo que es contrario a su voluntad, por otro.

Por eso, la oración, la vida espiritual y la introspección son necesarias para el crecimiento espiritual y la salvación. Si examinamos nuestro interior y encontramos inclinaciones o, Dios no lo quiera, disposiciones habituales que son contrarias a nuestro bien supremo, entonces debemos contrarrestarlas mediante decisiones conscientes y actos de nuestro libre albedrío. Si descubrimos que nuestro corazón está alineado con nuestro bien supremo, podemos contarlo como una obra de gracia y considerarlo la mayor bendición. En caso contrario, tenemos trabajo que hacer.

Todo esto para decir que no estamos predeterminados por lo que procede del corazón. La voluntad y el intelecto siempre desempeñan su función en la mayoría de nosotros, y seguimos siendo libres, aunque seamos un misterio para nosotros mismos. Los actos forman hábitos, y los hábitos forman disposiciones.

Participamos en la formación de nuestro ser interior y no estamos determinados por los impulsos que surgen de nuestro corazón, aunque no podamos escapar de ellos. Sin embargo, lo que hacemos en respuesta a estos impulsos es reaccionar a ellos en forma afirmativa o negativa.

Decisiones binarias de la voluntad con la ayuda del intelecto

Si bien la voluntad opera sobre una base más consciente y racional que el amor espiritual que surge del corazón, también tiene una característica binaria. La voluntad siempre elige lo bueno y rechaza lo malo. Aunque el proceso de toma de decisiones sea más consciente y deliberado que los impulsos espirituales del corazón, nuestro poder de elegir el bien no es absoluto ni tampoco completamente deficiente, salvo posiblemente en el caso de trastornos mentales. La libertad se define como el poder de elegir el bien, pero solo somos libres en mayor o menor grado. Cuanto más virtuosos nos volvemos, más libres somos para elegir el bien verdadero. Cuanto más habituados estemos al vicio, menos poder tendremos para elegir el bien verdadero.

La mala voluntad es la demostración del poder de elegir el bien falso, pero no deja de ser un poder. Los seres humanos tienen una necesidad innata de ejercer el poder de alguna forma, y los que ejercen la mala voluntad están satisfaciendo esta necesidad de una manera que es perjudicial para ellos mismos y para los demás. En este mundo, se hacen muchas cosas malas gracias a la mala voluntad, y no se puede negar su poder. La buena voluntad, por el contrario, se asocia a menudo con la debilidad, porque quienes la practican se limitan o se niegan a sí mismos la opción de hacer daño a los demás y, pese a ello, siguen sujetos a la mala voluntad. Sin embargo, esta realidad se circunscribe a este mundo temporal, y siempre hay un futuro, y el futuro es eterno, y hay un Dios que recompensa y castiga.

Decisiones binarias de la voluntad

Amor	Odio
Buena voluntad	Mala voluntad
Beneficencia	Maleficencia
Altruismo	Egoísmo
Caridad	Egocentrismo
Virtud	Vicio

El principio fundamental de toda la historia es el conflicto entre el bien y el mal, y la decisión más importante y perenne que tomamos a lo largo de nuestra vida es la elección entre el bien y el mal, entre hacer lo bueno o hacer lo malo. Toda la interacción humana, la sociedad y la historia se ven influidas y moldeadas por esta decisión binaria, de forma análoga a los cálculos de los ordenadores que resultan de la elección entre 1 y 0. Toda una vida de hacer el bien acaba conduciendo a una riqueza de 1, que llamamos méritos. Una vida de malas elecciones acaba en una bancarrota de 0. Cuando lleguemos a nuestro juicio individual al final de nuestra vida mortal, veremos el depósito que hicimos con nuestra buena voluntad y la deuda que contrajimos a causa de nuestra mala voluntad.

Las relaciones son la prioridad más importante en la vida. Las que fomentan el afecto, el interés, la aceptación y el bien sobrevivirán y crecerán hasta convertirse en amistades significativas, solidarias y caritativas. Aquellas en las que prosperan el desamor, el desinterés, el rechazo y la mala voluntad acabarán, inevitablemente, en luchas y enemistades. La gente que ha vivido en la cárcel dice que en allí no hay amigos. ¿Hay alguna razón para creer que existe la amistad en el infierno?

20

La Escritura y la historia

Debemos tener cuidado al aprender historia de la Biblia, del mismo modo en que debemos ser cuidadosos al aprender ciencia de la Biblia. Las Escrituras son una colección de documentos históricos, y muchos de sus libros sirven como fuentes históricas de valor incalculable para la investigación y el estudio profesionales. Sin embargo, no son un libro de historia en el sentido ordinario, como tampoco lo son de ciencia, aunque describan una cosmología antigua.

Nuestras fuentes históricas, es decir, los documentos escritos existentes, son muy poco fiables en lo que respecta a los hechos. Esto es cierto no solo para los documentos antiguos, sino también para los de la época medieval y los de principios de la era moderna. Para ser interpretados correctamente, como cualquier otra fuente histórica, los libros de la Biblia deben compararse con otros documentos contemporáneos, o casi contemporáneos, que a menudo ofrecen una descripción diferente de los hechos. También hay que tener en cuenta los hallazgos arqueológicos, los descubrimientos antropológicos, la doctrina teológica, las especulaciones razonables, las conjeturas de los historiadores y el sentido común.

Además, debemos tener cuidado con la literalidad con la que interpretamos las Escrituras, del mismo modo que lo tenemos con otros escritos antiguos. Es cierto que las Escrituras son una clase aparte en lo que respecta a la inspiración divina, pero no son totalmente distintas de todos los escritos antiguos en otros aspectos. Al igual que otros escritos antiguos, la Biblia fue escrita por autores humanos. Los antiguos hebreos que escribieron el Antiguo Testamento y los cristianos judíos que escribieron el Nuevo Testamento, como todos los pueblos antiguos, tenían un propósito al escribir. Debemos ser conscientes de él cuando nos acercamos a esos textos hoy en día. Esta toma de conciencia requiere estudio.

Los autores de la antigüedad no siempre trataban de relatar la realidad de los hechos, y muchos de sus escritos carecían de veracidad. Las civilizaciones antiguas producían obras literarias de ficción, al igual que las sociedades modernas. Incluso si los antiguos intentaban narrar hechos reales, a menudo los hechos se mezclaban con la ficción:

- Los israelitas, griegos, romanos y otros pueblos de la antigüedad crearon historias, leyendas y mitos para dotarse de una identidad comunitaria y explicar su origen y la razón de ser de su tribu, ciudad-estado, reino, imperio, etc. La narración pública de historias también servía como forma de entretenimiento, al igual que el teatro, la televisión y la radio hoy.

- Homero (si es que hubo un Homero) escribió la *Ilíada* y la *Odisea* para relatar los orígenes y la historia primitiva de los pueblos griegos. No obstante, nadie cree que estos relatos constituyan la historia, aunque pudieran estar basados en hechos históricos reales. Reconocemos estas historias como mitos transmitidos oralmente de generación en generación, recitados alrededor de fogatas o en teatros al aire libre hasta que alguien, finalmente, los puso por escrito. Ese proceso duró por generaciones, y la historia seguramente fue modificada y embellecida muchas veces. Nadie cree que sea un hecho histórico, solo literatura con un propósito.

- Los griegos tenían su panteón de dioses para explicar fenómenos naturales para los que nosotros tenemos explicaciones científicas. Nadie cree que nada de esto ocurriera realmente, e incluso en aquella época había muchos escépticos y ateos (véanse Platón, Aristóteles y otros filósofos griegos).

- Las Escrituras también comenzaron como una tradición oral y se transmitieron con modificaciones de generación en generación hasta que los escribas, finalmente, las pusieron por escrito. Esos rollos de papiro o pergamino se fueron transmitiendo y copiando (con errores, redacciones, adiciones, supresiones, embellecimientos, etc.), hasta que fueron tan viejos que se deshicieron o se pudrieron. Entonces se hicieron nuevas copias (tomándose libertades) de tal manera que no tenemos copias originales de ninguno de los libros de la Biblia, aunque tengamos fuentes antiguas (escrituras hebreas, rollos del mar Muerto, escritos del Nuevo Testamento). El milagro de la gracia es que, a lo largo de todo este proceso, Dios estuvo inspirando, enseñando y guiando a aquellos escribas y comunicándoles verdades que conducen a la salvación. La inspiración de Dios es la levadura de la verdad y de la Palabra de Dios en las Escrituras de una manera que no lo es en otras formas de literatura, antigua o moderna. Sin embargo, esos documentos siguen siendo escritos humanos. (Véase «el principio pero-también»)

- Virgilio escribió la *Eneida* durante el reinado de César Augusto para dar cuenta de los orígenes de Roma. Él inventó una historia en la que le atribuye el origen de la ciudad de Roma a Troya; pero, en realidad, nadie cree que sea un acontecimiento histórico. Incluso en la época romana, la gente entendía que se trataba de una obra literaria bien elaborada que servía como un relato de origen e identidad mucho más impresionante que la historia real de una tribu latina totalmente insignificante que surgió del terreno pantanoso alrededor del Tíber.

- *Beowulf* fue escrito durante la Edad Media como un cuento heroico que proporcionó a los habitantes de la Inglaterra anglosajona el relato épico de un héroe que les dio un sentido de identidad e historia. Probablemente, también se desarrolló como tradición oral y, finalmente, alguien lo puso por escrito. Nadie cree que sea históricamente verídico, pero cumplió una función importante para los anglosajones que, como todos los demás seres humanos, necesitaban tener una identidad arraigada en el pasado.

- Los escandinavos crearon la mitología nórdica, pero nadie cree que sea historia, solo literatura con un propósito.

- Las historias originales del rey Arturo y los caballeros de la mesa redonda son buena literatura (si te gusta leer la leyenda artúrica) y dan cuenta de un rey y un reino medievales casi ideales. Sin embargo, nadie cree que sean historia, sino solo una bonita narración que se escribió para enseñar cómo debían actuar un rey medieval y sus nobles dentro de una sociedad medieval ideal, aunque algunos de sus miembros tuvieran defectos morales.

No me animo a incluir las Sagradas Escrituras en la lista anterior porque realmente son una clase aparte como «la Palabra de Dios en palabras humanas». No obstante, es importante tener en cuenta que se escribieron originalmente para las antiguas tribus semitas, a veces nómadas, que tenían una visión del mundo y una forma de gobierno teocráticas. Estos escritos sagrados proporcionaban una identidad religiosa y política común, y servían como medio de salvación para un pueblo que vivía en tiempos peligrosos e impredecibles: «de alguna manera, Dios nos/me va a rescatar». Sin embargo, la comprensión que tenemos hoy de la salvación tardó muchos siglos en desarrollarse. La antigua creencia en el Hades hace tiempo que se abandonó, e incluso en tiempos de Jesús, los saduceos no creían en la resurrección.

Si quieres creer en la historia de la creación del Génesis literalmente, eres libre de hacerlo, pero la ciencia ha demostrado que, en realidad, ocurrió otra cosa. Si quieres creer toda la historia del Éxodo, adelante, pero hay otras teorías sobre cómo se produjo esa migración fuera de Egipto. Si quieres creer en los milagros y plagas de Moisés y Aarón, puedes hacerlo libremente, pero el estudio de la historia demuestra que Dios no obró milagros tan drásticos durante otros períodos de la historia, ni siquiera para los judíos cuando fueron perseguidos durante siglos.

Desde el punto de vista histórico, el Nuevo Testamento se considera más fiable que el Antiguo Testamento, porque fue escrito en el siglo I d. C. No obstante, debe ser interpretado profesionalmente utilizando los mismos principios hermenéuticos que el Antiguo Testamento en lo que se refiere a la historia. (Para una buena fuente de principios hermenéuticos, véase el *Nuevo comentario bíblico san Jerónimo*). Es importante que las personas laicas y sin estudios se basen en el trabajo de eruditos y comentaristas bíblicos, quienes dedican sus vidas académicas y religiosas al estudio de estos documentos antiguos, y no en sus propias opiniones e interpretaciones subjetivas. Incluso cuando se trata de la espiritualidad en la Biblia, es mejor dejar la interpretación a los bien informados.

~

En resumen, los puntos importantes que hay que saber son los siguientes:

(1) Los dos principios clave que siempre hay que recordar cuando se trata de las Escrituras son: (a) la interpretación es crucial y (b) todas las traducciones son interpretaciones.

(2) La Escritura no es un libro de historia, ni un libro de ciencia, ni un libro de psicología, ni un libro de literatura, ni ningún tipo de obra debidamente clasificada en cualquier área académica, excepto el estudio de la Escritura, la teología y la religión.

(3) La Biblia es una biblioteca de libros que nos enseñan verdades espirituales que conducen a la salvación. Algunos de sus libros son obras de ficción *(Job, Tobías, Ester)*, pero la ficción puede enseñar verdades. También hay libros de no ficción (los Evangelios, los escritos del Nuevo Testamento), pero tenemos que tener cuidado con la literalidad con la que vemos estos relatos y cartas. Los libros de no ficción no tienen por qué ser totalmente verídicos, al igual que la ficción no tiene por qué ser falsa.

(4) Hoy utilizamos las Escrituras de forma diferente a como lo hacían los antiguos. Para nosotros, la Escritura es una fuente histórica de nuestra herencia judeocristiana, y nos sirve de guía para la salvación, que debe ser interpretada correctamente. Los hebreos del Antiguo Testamento buscaban la salvación, pero su forma de entenderla difería de la de los judíos cristianos del Nuevo

Testamento, y ha habido un desarrollo posterior de la doctrina desde el siglo I d. C.

~

Nada de lo anterior debería desilusionar a nadie. Los autores de las Escrituras eran, ante todo, seres humanos que vivían vidas humanas, y es muy poco probable que experimentaran los fenómenos sobrenaturales de forma distinta a como los experimentamos nosotros. Puede que creer en la Biblia como fuente literal de la historia no perjudique tus posibilidades de salvación. No obstante, es lógico suponer que Dios trató con las personas de todas las épocas de la misma manera que lo hace con nosotros. Es casi seguro que el mar Rojo no se partió como se representa en la película *Los diez mandamientos*. Es indiscutible que Dios hace milagros a veces, pero estos suelen ser, si no siempre, más bien sutiles. A Dios se lo puede encontrar en un silbo apacible y delicado (1 Reyes 19:12). No parece muy dado a los espectáculos.

Al menos no en este lado de la eternidad.

21

Introducción a la vida espiritual: parte 5

El sufrimiento es un tema controvertido. No importa lo que uno diga, es difícil hacer que suene atractivo o incluso tolerable, si es que eso es posible. También resulta complicado convencer a la mayoría de las personas de que la santidad personal supone un bien enorme que hay que perseguir, porque la gente suele ser perezosa con las cosas espirituales e intuye que la santidad exige sacrificio y sufrimiento.

El camino hacia la santidad siempre implica:

1. Sacrificio: Aquello a lo que renunciamos por voluntad propia.

2. Sufrimiento: Nos llega tanto si buscamos la santidad como si no.

3. Pérdida: Aquello que nos es quitado, ya sea como parte natural de la vida o por Dios para nuestro bien.

   Principio espiritual n.º 15: Hay que renunciar a algo para conseguir algo.

Si se espera que aceptemos el sufrimiento en aras de nuestro provecho espiritual, conviene conocer un poco su naturaleza. San Pablo habla de dos formas de sufrimiento: una que conduce a la justicia y otra, a la muerte. A este último sufrimiento, el que conduce a la muerte, lo vemos en los impíos que se niegan a arrepentirse y se privan así de recibir la gracia de Dios. Este tipo de sufrimiento puede conducir, en el peor de los casos, al quebranto de la personalidad y a enfermedades mentales graves. (Esto no quiere decir que todas las personas con enfermedades mentales, incluso las que son graves, sean pecadoras). Para las personas que no manifiestan signos de trastornos o enfermedades mentales, san Juan Vianney nos recuerda que incluso las personas mundanas tienen su cruz que llevar, y toda cruz conlleva alguna forma de sufrimiento. Hay «cruces» que no conducen al cielo, pero que implican sufrimiento. Esto es lo que san Pablo quiere decir sobre el tipo de sufrimiento que conduce a la muerte. No hay redención ni recompensa al otro lado de ellas.

No obstante, este tipo de cruces pueden ser beneficiosas, y Dios permite el sufrimiento mundano en favor de algún bien espiritual. Recuerda que el objetivo de Dios es siempre la salvación del alma, no su muerte. Él permite el sufrimiento porque puede ser una señal para nosotros de que estamos haciendo algo mal en la vida, y algunas personas solo aprenden a través del dolor porque simplemente no responden al consejo, la amonestación o el ejemplo. Hay drogadictos, por ejemplo, que acuden a las clínicas, pero no están preparados para recibir ayuda porque aún no han tocado fondo. Es solo en ese momento cuando algunas personas están preparadas para la conversión y el arrepentimiento y, por ende, para el primer tipo de sufrimiento que conduce a la justicia, la sanidad y la plenitud.

Principio espiritual n.º 16: En cada cruz hay al menos una gracia.

El sufrimiento que conduce a la justicia es una participación en la cruz de Cristo y es muy provechoso para un alma porque tiene tres beneficios importantes en la vida espiritual:

1. Purifica, limpia y sana el alma.

2. Libera al alma del apego malsano a los objetos creados que pueden inducirnos a elegirlos por encima de la voluntad de Dios.

3. Apacigua el alma, y la hace dócil y receptiva a la gracia divina.

Estos tres beneficios son de inmensa importancia, y no se puede exagerar su valor. Aunque el sufrimiento es difícil e indeseado, Dios le asigna una gran recompensa, y así debe ser. ¿Por qué daría Dios sus mejores dones por cosas fáciles? La vida humana no suele funcionar así. Las mejores cosas de la vida requieren algún tipo de esfuerzo, sacrificio y sufrimiento. Lo mismo ocurre en la vida espiritual. Las mejores cosas de la vida no son fáciles ni gratuitas, y las mejores cosas de la vida espiritual también requieren esfuerzo y sacrificio. El Señor le reveló a santa Faustina que él no recompensa por los buenos sentimientos y el éxito, sino por el trabajo, el esfuerzo, la paciencia y la buena voluntad. Así como el pecado lleva en sí mismo una pena inherente que no es infligida directamente por Dios, así también el sufrimiento lleva consigo sus propias recompensas intrínsecas, aunque solo Dios tiene poder en la vida espiritual para hacerlas eficaces. «Separados de mí, nada pueden hacer» (Juan 15:5).

En la tradición cristiana encontramos ejemplos de santos y piadosos que ensalzan los beneficios del sufrimiento y enseñan que, si conociera su verdadero valor, la gente desearía sufrir. Santa Rosa de Lima, por ejemplo, escribió:

> Que todos los hombres sepan que la tribulación va seguida de la gracia; que, sin el peso de las aflicciones, es imposible alcanzar la altura de la gracia; que los dones de la gracia aumentan a medida que aumentan las luchas. […] Sin la cruz no pueden hallar el camino para ascender al cielo. […] No podemos obtener la gracia a menos que suframos aflicciones. Debemos acumular aflicción sobre aflicción para alcanzar una profunda participación en la naturaleza divina [santidad]. […] Nadie se quejaría de su cruz ni de las aflicciones que puedan sucederle, si llegara a conocer la balanza en que los hombres han de ser medidos. (Adaptación de *Liturgia de las horas*. Oficio de lectura. 23 de agosto. Memoria de santa Rosa de Lima)

Francisco de Sales también promovió el valor del sufrimiento al aconsejar que vivamos una vida muerta y una muerte viva. Esto no suena muy atractivo, pero debemos recordar que está enseñando a la luz de las epístolas del Nuevo Testamento que afirman que debemos conformarnos al Cristo crucificado que «aunque era Hijo, aprendió en su pasión lo que es obedecer» (Hebreos 5:8).

Aunque el sufrimiento es provechoso en la vida espiritual, los maestros espirituales cristianos aconsejan que nunca lo pidamos, ni siquiera con fines de santidad o purificación. Nos aconsejan, en cambio, que dejemos que Dios decida cuándo enviarnos pruebas y tribulaciones. Él siempre enviará la pieza que encaje en el momento adecuado si permanecemos fieles. A nosotros nos corresponde velar y hacer todo lo posible por cumplir su voluntad.

> **Principio espiritual n.º 17:** Dios provee aquello que necesitamos.

En la literatura cristiana, encontramos una forma sana y pragmática de ver el sufrimiento, que es alentadora y consoladora. San Agustín, entre muchos otros, nos recuerda que el sufrimiento es inevitable y que también podemos soportar las dificultades en unión con la voluntad de Dios y para nuestro beneficio espiritual:

> Nuestra peregrinación en la tierra no puede estar exenta de pruebas; pues nuestro progreso se realiza por medio de la prueba. Nadie se conoce a sí mismo sino a través de ella, ni recibe una corona sino después de la victoria, ni lucha sino contra el enemigo o las tentaciones. (Adaptación de *Liturgia de las horas*. Oficio de lectura. Primer domingo de Cuaresma)

Cómo trazar un mapa de la batalla espiritual

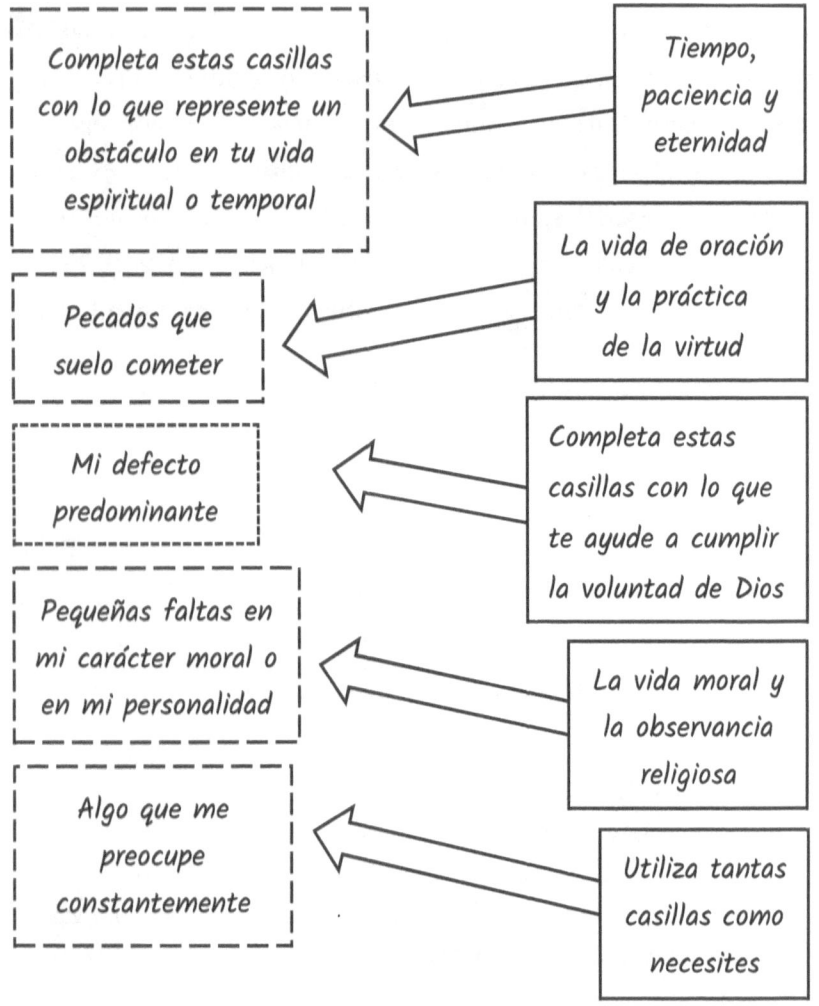

Completa estas casillas con lo que represente un obstáculo en tu vida espiritual o temporal

Pecados que suelo cometer

Mi defecto predominante

Pequeñas faltas en mi carácter moral o en mi personalidad

Algo que me preocupe constantemente

Tiempo, paciencia y eternidad

La vida de oración y la práctica de la virtud

Completa estas casillas con lo que te ayude a cumplir la voluntad de Dios

La vida moral y la observancia religiosa

Utiliza tantas casillas como necesites

Mapa de la batalla espiritual 20?? (Año)

22

Todavía hay tiempo

En las regiones infernales donde moran en el infierno,
esos espíritus eternos que siempre se rebelan
contra todo lo que es bueno.

Y en su orinal se sienta
el primer disidente contra los tres,
en su trono sulfúrico,
solo,
como no podía ser de otro modo.

Una vez allí, pronunció su llamado
a los que no tienen pies;
aquellos que no pueden huir de él,
para que le dieran su parecer
de cómo podría aumentar su mies.

«¡Díganme, zánganos!», atronó,
    «¡Cómo podríamos hacerles caer en la trampa!
        Pongan sus mentes a pensar,
    para traerlos aquí en cantidad,
        a nuestra nave ígnea!».

Primero, se acercó uno con temblor
    y sin libertad,
        y le habló de la furia volcánica,
            que come la carne de los toros.
    «Dígales, señor:
        "El diablo no existe"».

«¡Burro!», exclamó con aliento de fuego,
    de la boca de quien solo grita.
        «De eficacia probada,
            muchos con esta mentira han muerto,
                y nosotros nos hemos quedado fritos!».
    «¡Tonto! ¡Fuera!
        ¡Que el calor excite tu imaginación
            de mi majestad incandescente!».

Otro menos valiente que el primero
    se le acercó con *ignis fatuus,*
        con gran sed.
    Y le dijo al que no oye,
        a quien nadie quiere
            ni se le acerca.

«Príncipe de los ladrones y señor de las tribus,
   he aquí que la espada
      de la vanidad los consumirá.
   Los amputará de su Hacedor.
      Diles que no hay infierno».

«¡Ignorante!», dijo él.
   Quien clavó en el madero
      al que es el amor.
   «¡No creas que hemos engañado
      a los pocos elegidos
         con esta trampa!».
   «Vete, bestia, a una jaula,
      de tormento y rabia,
         y arde en agonía!».

Por fin, un tercero,
   sin juicio ni razón,
      se acercó a quien no se doblega ni cede
   ante ninguna espada o escudo
      de fe o esperanza.

«Tiéntalos, rey del pecado,
   y a este eterno basural
      lánzalos con rechazo.
   Ahora diles con canciones y rimas esta mentira:
      "Todavía hay tiempo"».

23

Nosotros y ellos

Parece que los seres humanos siempre buscamos un escenario de nosotros-ellos. Es como si obtuviéramos un sentido de nuestra identidad individual y grupal definiéndonos a nosotros mismos en contradicción con otra persona u otro grupo al que degradamos como inferior de una forma u otra. Nos sentimos mejor cuando no somos como aquellos de los que nos diferenciamos, a los que condenamos al ostracismo, denigramos y, a veces, demonizamos. Sentimos que nuestro lugar en el mundo es más seguro si formamos parte de algo mucho más grande que nosotros mismos y, seamos lo que seamos, no somos *ellos*. El rechazo responde a esta visión del mundo.

Es como si necesitáramos sentirnos superiores a alguien o a algo, como si la humildad no formara parte de nuestro esquema por naturaleza. A lo largo de la historia, nos hemos agrupado en tribus, clanes, aldeas, pueblos, ciudades-estado, reinos, imperios y naciones. Si no estamos librando una guerra contra ellos, entonces pertenecemos a un equipo o somos fanáticos de uno, o somos miembros de un partido político, y nos definimos, en parte, por no ser del otro equipo o partido. Formamos pandillas, clubes, comunidades, grupos y círculos en un esfuerzo por conseguir un sentimiento de pertenencia, satisfacer nuestra necesidad humana fundamental de seguridad y definirnos por lo que no somos: ellos. La unión hace la fuerza y la identidad.

En la raíz de todo esto, yace el principio fundamental de toda la historia: el conflicto entre el bien y el mal. En nuestra esencia, también reside la naturaleza binaria de nuestros impulsos interiores espontáneos hacia el bien y el mal, y los actos volitivos que los siguen. El problema surge cuando nuestra comprensión del bien y del mal es errónea o cuando no elegimos el verdadero bien, aunque sepamos cuál es.

El paradigma horizontal nosotros-ellos de la sociedad laica se corresponde con el vertical yo-Tú de la religión, en el que miramos hacia Dios como el supremo Tú. En el escenario nosotros-ellos, vemos a los demás seres humanos como *otros* o, a veces, *totalmente otros*. El nosotros-ellos suele ir acompañado de un sentimiento de exclusión y rechazo, mientras que el yo-Tú va acompañado de un sentimiento de asombro y maravilla. Dios es visto como el incomprensible ser supremo, supremamente otro y alteridad total.

El paradigma nosotros-ellos también se aplica en la religión, al igual que en la sociedad secular. Históricamente, el cristianismo ha adoptado la forma de un paradigma iglesia-mundo, en el que todos los que no son miembros de la iglesia son, por definición, miembros del mundo. Este paradigma también se entiende en términos de sagrado-secular o santo-profano. Hay algo de *otredad* en el mundo, como si solo nos uniera la religión. Es extraño, extranjero, y está lleno de enemigos potenciales y reales. Esta *alteridad* se origina y se refuerza no solo en los escritos del Nuevo Testamento, sino también en los escritos de los primeros evangelistas y teólogos cristianos, y se ve reforzada por ellos. Sin embargo, el concepto tenía una realidad y un significado que nosotros, en el siglo XXI, no experimentamos. Un pasaje de un sermón de san Cipriano, obispo de Cartago que vivió durante el siglo III y es reconocido como padre de la Iglesia, ejemplifica esta actitud:

> El mundo aborrece a los cristianos, así que ¿por qué le das tu amor en vez de seguir a Cristo, que te ama y te ha redimido? Juan es más apremiante en su epístola cuando nos dice que no amemos al mundo al ceder a los deseos carnales. No entregues nunca tu amor al mundo, nos advierte, ni a nada de lo que hay en él. *Un hombre no puede amar al Padre y amar al mundo al mismo tiempo. Todo lo que el mundo ofrece es la concupiscencia de la carne, la concupiscencia de los ojos y la ambición terrenal. El mundo y sus atractivos pasarán, mas el hombre que ha hecho la voluntad de Dios vivirá para siempre.* (Adaptación de *Liturgia de las horas.* Oficio de lectura. Viernes de la semana 34 en tiempo ordinario)

Tal punto de vista en el mundo moderno desafía la razón cuando consideramos que la Iglesia siempre ha estado en el mundo y el mundo siempre ha estado en la Iglesia. Además, el mundo no siempre ha sido malo, y hay mucho de bueno en él, mientras que la Iglesia no siempre ha sido buena, y hay maldad en ella. No se puede separar a los dos, y parece que así lo quiere Dios. Cristo fue enviado al mundo, no para condenarlo, sino para salvarlo (Juan 3:17).

Es inevitable que los seres humanos se formen paradigmas tales como nosotros-ellos y yo-Tú. Abogar por eliminarlos sería inútil. Tal vez sea porque están arraigados en la naturaleza humana, o tal vez surjan debido a lo caído que está nuestro mundo y al conflicto fundamental y ancestral entre el bien y el mal. Necesitamos un mecanismo de distinción psicológica y espiritual, aunque ese mecanismo por sí solo no pueda llegar al verdadero bien. El intelecto y la razón son necesarios para que ello ocurra.

Me gustaría sugerir aquí una forma más ventajosa de emplear el mecanismo de distinción de los paradigmas nosotros-ellos. Deberíamos resistir la tentación de permitir que el credo, la raza, el color, la clase, la profesión, la cultura o cualquier otra característica sea la base de los paradigmas nosotros-ellos que inevitablemente formaremos. Por naturaleza, gravitaremos hacia quienes son similares a nosotros, pero me parece que cuando las personas de buena voluntad se encuentran, todas las características distintivas desaparecen y, por lo general, prevalece la concordia. Lo contrario ocurre con las personas de mala voluntad, o acabará ocurriendo, aunque estén unidas por los lazos más estrechos y compartan rasgos sociales comunes. Como cristianos, nuestro paradigma final nosotros-ellos debería ser entre las personas de buena voluntad (nosotros) y las de mala voluntad (ellos).

En lo que respecta a Dios, el rasgo distintivo más importante de la sociedad es la buena voluntad y la mala voluntad. Encontramos a Dios allí donde hay personas de buena voluntad y experimentamos la ausencia de Dios en las personas de mala voluntad. El mayor de todos los males es la ausencia de Dios, y el estado en el que la ausencia de Dios se experimenta en toda su plenitud es el infierno.

Como cristianos, estamos llamados a ser la levadura de la buena voluntad en el hogar y en la sociedad, y a fomentar una cultura cristiana para que Cristo pueda ser hallado más fácilmente en este mundo. La buena voluntad y la cultura cristiana pueden encontrarse en todos los tiempos, incluso entre personas que no profesan ser cristianas. Esto se debe a que Cristo trabaja en todo momento para salvar almas, no solo durante su vida terrenal, sino a través de su Espíritu Santo y de quienes, en todo tiempo y lugar, escuchan la palabra de Dios en sus corazones (Romanos 2:12-16).

Al redefinir nuestro paradigma básico nosotros-ellos como personas de buena voluntad y personas de mala voluntad, también podemos considerar la modificación de nuestro paradigma Iglesia-mundo como cultura cristiana y cultura no cristiana. Veremos que esto se aplica tanto a nuestras interacciones sociales en el mundo como dentro de la iglesia. También observaremos que una cultura cristiana puede encontrarse en el mundo del mismo modo que una cultura no cristiana puede encontrarse dentro de la iglesia.

~

Y el mensaje central de este libro y de todos los libros de esta serie es este: si te sientes inspirado para vivir plenamente para Dios y caminar por la senda de la santidad, debes saber que no tienes que ser un héroe santo como Juana de Arco, que fue quemada en la hoguera después de ser entregada a sus enemigos por sus propios compatriotas. Tampoco tienes que ser Tomás Moro, que fue decapitado por su fe por el rey al que servía. Tampoco tienes que ser Jesús de Nazaret, quien fue crucificado por los líderes religiosos de su tiempo después de que lo entregaran a un ocupante extranjero, ni Maximiliano Kolbe, quien sacrificó su vida para que otro hombre pudiera conservar la suya. No tienes que ser misionero ni ministro de ningún tipo, y puede que ni siquiera estés llamado a dejar tu propio hogar ni la vida que llevas ahora.

Pero tienes que mostrar buena voluntad. Y tienes que obedecer la regla de oro y vivir de acuerdo con los dos grandes mandamientos del amor.

El rasgo distintivo de un santo es la práctica de la buena voluntad. Todos los santos tienen esto en común, independientemente de sus circunstancias personales e históricas. Todos practicaron la buena voluntad, especialmente cuando se enfrentaron a la mala voluntad, y cuanta más buena voluntad mostraron y más mala voluntad afrontaron, más heroica fue su caridad. La caridad heroica, requisito esencial del candidato a la santidad, es la práctica de la buena voluntad frente a la mala voluntad en un grado heroico. Cuanto mayor es la caridad heroica, más grande será el santo.

La buena voluntad es el bolígrafo con el que se escribe la historia de cada santo, y la gracia es el bolígrafo que Dios utiliza para escribir su voluntad en nuestras vidas.

¿Crees en los milagros?

   ¿Crees en la buena voluntad?

      ¿Quieres caminar por la senda de la santidad?

         ¿Quieres ser santo?

Entonces, cuando las nubes de tormenta amenacen
    y se ciernen a tu alrededor,
y los cielos estén a punto de estallar,
    y la tempestad anuncie una fatalidad inminente,
        que sepas que para ti brilla el sol.
No le pidas que te la quite,
    pídele, en cambio, que te ayude a superarla,
        porque las tormentas pueden ser bendiciones
    encubiertas.
Y debes aprender a confiar
    y practicar la fe del Himalaya,
        fe tan alta y tan ancha como una montaña.

Pero, aunque tu fe

    solo fuera tan grande como un grano de mostaza,

        debes saber que es suficiente,

    porque no es el tamaño del regalo

        aquello que él busca,

    ya que un puñado era todo lo que la viuda tenía.

Pide con fe, y tu súplica será escuchada,

    y respondidas serán tus plegarias,

        y por causa de tu fe serás salvo,

          y todo estará bien.

Y cuando mires atrás en tu día final

    y vayas a su encuentro,

        te acordarás de las tormentas de la vida

    y recordarás su amor

        y sabrás que siempre estuviste

          en las manos de Dios.

24

Introducción a la vida espiritual: parte 6

Cuando se trata del juicio final, no hay nada más importante en la vida que las relaciones, especialmente nuestra relación con Dios. El estudio de las relaciones humanas, como el estudio del amor, es tanto una ciencia como un arte. En esta sección, hablaré de la diferencia entre contrición y perdón, por un lado, y arrepentimiento y reconciliación, por otro.

En el Evangelio se dice que debemos perdonar setenta veces siete (Mateo 18:21-22). Nuestro Señor dejó muy claro que el perdón es imperativo (Mateo 6:15), pero también aconsejó que podemos rechazar a los pecadores no arrepentidos como último recurso (Mateo 18:15-17). ¿Cómo armonizar estos dos preceptos aparentemente contradictorios?

Aunque debemos perdonar cada vez que una persona expresa su contrición, no estamos obligados a reconciliarnos con ella si no se arrepiente. Contrición no es lo mismo que arrepentimiento. La contrición es un *sentimiento* de pena o remordimiento. El arrepentimiento implica un *esfuerzo activo* para dejar de hacer el mal. Hay personas que expresan pesar, pero luego siguen haciendo el mal. No estamos obligados a reconciliarnos con esas personas, y está perfectamente justificado establecer límites psicológicos y sociales, siempre que hayamos tomado medidas razonables para corregir al autor del agravio y llevarlo al arrepentimiento.

Poner límites no tiene nada de anticristiano ni de poco caritativo. El progreso en la vida espiritual depende de aprender a practicar un amor propio adecuado y, a veces, es necesario establecer límites. Incluso si alguien cometió un pecado grave contra nosotros y no dio muestras de arrepentimiento, se nos permite poner límites para asegurarnos de que no vuelva a ocurrir. Así como hay heridas que el tiempo no curará y heridas que la gracia de Dios no sanará totalmente en esta vida, también hay relaciones que quedan dañadas permanentemente y no pueden repararse solo con el esfuerzo humano. Algunas diferencias son irreconciliables, y únicamente la intervención y la gracia de Dios pueden traer la reconciliación.

La reconciliación no es tanto un acontecimiento que ocurre en un momento dado, sino más bien un proceso y un proyecto, como la mayoría de las cosas en la vida. Hay momentos en los que es mejor dejar a la otra persona en las manos de Dios y del trabajo del tiempo y de la gracia, y podemos esperar que, a su debido tiempo, el trigo de la conversión y el arrepentimiento se separe de la cizaña de la desidia y la autocomplacencia.

La reconciliación podría no ser posible si:

- No hay intento de mitigar o remediar.
- No hay contrición ni dolor.
- No hay arrepentimiento ni conversión.
- Hay antipatía compartida/disgusto mutuo.
- Hay antagonismo.
- Hay desconfianza mutua.
- Hay aversión mutua.

En las relaciones difíciles, cuando todo lo demás falla, siempre podemos practicar en buena conciencia el silencio y la disociación. Si la virtud no es más que amor bien dirigido, como escribió santa Faustina, entonces a veces la mejor forma de amor es el silencio, al igual que Jesús practicó el silencio en su juicio ante los miembros del Sanedrín. Según san Agustín, amar es querer el bien del otro, pero querer el bien de personas de implacable mala voluntad no significa que tengamos que hablarles o relacionarnos con ellas. El amor, según 1 Corintios 13, es paciente, bondadoso, no es celoso ni jactancioso ni arrogante ni grosero (v. 4-5); y según Lucas 10, el amor es el buen samaritano (v. 29-37). Si un pecador está en extrema necesidad, debemos ofrecerle ayuda, pero no tenemos que ofrecerle recompensas sociales. El amor del Nuevo Testamento no exige reconciliación cuando se trata de personas que simplemente no se arrepienten.

También es importante saber que una persona de buen ánimo no es, necesariamente, una persona de buena voluntad. El amor del Nuevo Testamento es mucho más que afecto, o mero sentimiento o emoción. Nos mostramos a través de nuestras acciones. Incluso los pecadores pueden mostrar afecto cuando quieren manipular o engañar a los demás. El verdadero amor se pone a prueba en la adversidad, y es allí donde revelamos nuestro verdadero carácter. Las personas que muestran un amor afectivo, pero no manifiestan un amor efectivo o del Nuevo Testamento, deben tratarse con cierta reserva. Si continúan con el hábito de obrar mal, se nos permite poner límites y negarnos a reconciliarnos con ellas. Un amor propio adecuado requiere que reconozcamos a los «amienemigos» y a los «caballos regalados».

Cuando se trata de enemigos, la venganza cristiana es el perdón, es el éxito en la vida moral y espiritual. Según George Herbert, la mejor venganza es una vida bien vivida... Pero eso no significa que tengamos que reconciliarnos con nuestros enemigos si se niegan a arrepentirse. Si no podemos hacer otro bien, podemos soportarlos pacientemente y dejar que el mal se agote por sí mismo.

Este momento, también, pasará.

A veces, la regla de oro es soportar pacientemente a los pecadores en silencio y disociación:

- Haz por otros lo que te gustaría que hicieran por ti.
- No hagas a los demás lo que a ti no te gusta.
- Trata a los demás como quisieras que te traten.
- Cuando todo lo demás falle, deja a esa persona en las manos de Dios (la solución final).

25

El Dios de las segundas oportunidades

Si has obrado mal, e incluso has llevado toda una vida de hacer el mal, y quieres que alguien te conceda una segunda oportunidad, entonces, debes saber que siempre tendrás a alguien que nadie podrá quitarte jamás. Dios siempre da el momento presente, y siempre podemos observar la regla de oro y obedecer los dos grandes mandamientos de amor a Dios y al prójimo. Comportarnos lo mejor posible y dar lo mejor de nosotros según nuestra capacidad siempre está a nuestro alcance. Siempre podemos decir la verdad con sensatez y amor, ser razonables, cooperar con las buenas intenciones de los demás, mostrar respeto, practicar la buena voluntad, ser humildes y no arrogantes y, sobre todo, confiar en el Dios de las segundas oportunidades.

Puede llevar toda una vida, pero qué es esta corta vida comparada con las infinitas eras, épocas y edades que nos esperan en la eternidad. Nada en esta vida es definitivo, consumado, absoluto o concluyente hasta que Dios así lo quiera.

La escalera de las relaciones

La prioridad más importante en la vida son las relaciones

Conducta cristiana y adulta	Amistad con Dios	Alto nivel de interacción moral y social
Compañeros cristianos Santos del Nuevo Testamento	Humildad	Virtud intelectual Virtud moral Virtud social
Conocidos y colegas	Caridad	Asistencia mutua y apoyo
Buenas relaciones Relación fraternal Mirada positiva	Virtud	Vínculos de afecto, confianza y respeto
Faltas intelectuales y morales	Narcisismo	Normal, decente, inteligente y valioso
Pecado y transgresión	Vicio	Términos del habla
Paciencia Indulgencia Silencio Disociación	Malicia	Comportamiento egoísta y arrogante
	Pecado	El mal expuesto es el mal depuesto
		La tierra de la desolación
Forastero, extraño, enemigo y extranjero	Infierno diabólico demoníaco	El punto de no retorno

Es imposible reconciliarse cuando se tiene un odio implacable

26

Introducción a la vida espiritual: parte 7

San Benito les aconseja a sus monjes en la *Regla de san Benito* que sean conscientes de la muerte a diario (*RB 4*). Esta conciencia cotidiana de la muerte no es lo mismo que una fascinación morbosa o un sombrío presentimiento de ella, sino una disciplina espiritual fundada en el amor propio. Del mismo modo, el libro *Preparación para la muerte* de san Alfonso de Ligorio no pretende fomentar una actitud pesimista, aunque lo haya escrito en el siglo XVIII y los lectores contemporáneos puedan tener dificultades con su modo de expresión.

La escatología (gr. *éschatos*, 'final' o 'último') es un área de la espiritualidad que tiene dos significados:

1. El fin de los tiempos o la última venida de Cristo.

2. Las cuatro cosas finales: muerte, juicio, cielo e infierno.

El *éschatos* es una realidad que la mayoría de la gente querría olvidar o pasar por alto, pero el amor propio requiere que nos esforcemos por prepararnos para el día más importante de nuestras vidas: el día en que pasemos de este mundo a la eternidad.

San Juan de la Cruz enseñó que seremos examinados en amor en el día del juicio, y parte de ese examen será para determinar qué tan bien atendimos a nuestra vida espiritual. ¿Nuestras prioridades en la vida habrán sido el amor de Dios, la voluntad de Dios y la gloria de Dios? ¿O habrán sido el amor propio, la voluntad propia y la gloria propia? El enfoque de la vida de «juega ahora y paga después» puede salirnos caro, y la factura no tardará en llegar. En el juicio final, la verdad sobre nuestras vidas se revelará ante la Verdad misma. No habrá discusión, ni debate, y tal vez ni siquiera una conversación. Nos veremos como realmente somos, no como queremos vernos, sino como Dios nos ve, y las consecuencias serán graves. Un día de sufrimiento en la otra vida nos hará olvidar todo lo que hemos disfrutado en la tierra. Muchas personas pasan la mayor parte de su vida adulta preparándose para la jubilación, pero no piensan en la muerte cada día. El amor propio nos obliga a prepararnos para morir.

Las Escrituras afirman que el corazón humano es un misterio, y los maestros espirituales enseñan que no siempre sabemos lo que hay en el fondo de nuestro ser. No debemos suponer que nuestro intelecto racional estará operativo en el juicio final del mismo modo que lo está durante nuestra vida mortal. La psicología ha descubierto que hay un observador oculto en cada uno de nosotros que mira todo lo que hacemos y lo recuerda todo. La vida espiritual enseña que tenemos una conciencia, y no sabemos cómo operarán nuestra conciencia y nuestra alma cuando seamos separados del cuerpo y aparezcamos en el juicio.

En la vida espiritual, nos referimos a la conciencia como el núcleo más profundo de nuestro ser, el lugar donde comulgamos con Dios. Tal vez la conciencia y el observador oculto sean la misma facultad, pero lo cierto es que hay una parte del ser humano donde los recuerdos se almacenan y se evalúan moralmente mucho después de que los hayamos olvidado con nuestra mente consciente. Ningún recuerdo se borra u olvida de verdad. Nunca nos alejamos verdaderamente de nuestras transgresiones, a pesar del olvido humano y de los mecanismos de defensa que utilizamos para evitar enfrentarnos a ellas: represión, proyección, negación, evasión, etc. Las transgresiones pueden distorsionar nuestro juicio y nuestros deseos. Incluso si somos profundamente reflexivos y meditativos, es posible que no sepamos todo lo que hay dentro de nosotros, incluidos nuestros deseos más profundos. No estar preparado para la muerte es peligroso. Uno de los principios más importantes de la vida espiritual es el que se encuentra a continuación.

> **Principio espiritual n.º 18:** Siempre obtienes lo que
> quieres cuando se trata de Dios.

¿Somos realmente conscientes de los deseos que yacen en lo más profundo de nuestro corazón? ¿Sabemos realmente qué hay en el centro de nuestro tortuoso corazón? Sin embargo, existen otros principios espirituales que contrarrestan el misterio de nuestra naturaleza interior.

Principio espiritual n.º 19: Dios recompensa por el esfuerzo y no por el éxito.

Principio espiritual n.º 20: No hay nada imposible para Dios.

Ser conscientes de la muerte cada día, y reconocer la naturaleza misteriosa de nuestro ser interior y el hecho de que hemos pecado no deben llevarnos a perder la esperanza. Dios no nos creó para la muerte y nada es imposible para él. Él desea más el esfuerzo que el éxito. A Dios le corresponde llevar el tren a la estación, pero nosotros tenemos que poner la vía. Nuestro esfuerzo en el discipulado cristiano es símbolo de nuestro deseo de corresponder al plan de Dios para nuestra vida y ser salvos.

Uno de los padres del desierto de la tradición monástica enseñaba que todo lo que hacemos en la vida es un símbolo de lo mucho que valoramos nuestra relación con Dios y de lo mucho que deseamos ser salvos.

Principio espiritual n.º 21: Todo en esta vida es un símbolo.

Como marco para la meditación personal y como una forma de ser conscientes de la muerte en preparación para el juicio, ofrezco nueve cuestiones sagradas sobre las que reflexionar. Sin duda, serán importantes cuando nos sobrevenga la muerte.

Las nueve cuestiones sagradas de la naturaleza humana

Persona	Quien es alguien ante Dios; carácter moral, personalidad y competencias.
Nombre	La reputación de una persona basada en sus obras interiores y exteriores en la vida.
Vida	Todo lo que se ve sobre la vida de una persona por Dios y el alma en el juicio.
Misión	Una tarea o asignación especial concedida a algunos, pero no a todos.
Vocación	El llamado universal a la santidad; el llamamiento individual y particular de cada uno en la vida.
Relación	Cómo uno se relacionó con otros y sirvió a los demás durante esta vida.
Devoción	Cómo uno se relacionó con Dios y sirvió a Dios durante esta vida.
Formación	Cómo se ha formado y moldeado una persona a lo largo de su vida.
Integridad	Santidad, beatitud, grado de purificación, perfección moral y espiritual, etc.

Las nueve cuestiones sagradas sirven de criterio para reflexionar sobre cuánta gloria y honor esperamos recibir por toda la eternidad. Cuanto más cooperemos con el plan de Dios y mostremos buena voluntad, mayor será nuestra reputación por la eternidad, más gloria mereceremos y más honor se nos mostrará. Según las enseñanzas de los santos y maestros espirituales cristianos, no hay nada egoísta en tales consideraciones.

Pero si nuestra gloria eterna es importante, la gloria de Dios es infinitamente más importante. Sobre todo, la creación existe para manifestar la gloria de Dios.

> **Principio espiritual n.º 22:** La gloria de Dios es el principio central y unificador de toda la creación.

La gloria de Dios se refiere a cómo él será conocido por toda la eternidad. Esto puede sonar egocéntrico por parte de Dios —en otras palabras, Dios en el centro de todo—, pero según san Ireneo, la gloria de Dios es que los seres humanos tengan vida en abundancia. En este contexto, *vivir* o *tener vida* significa no solo tener vida temporal, sino participar de la vida y naturaleza divinas de Dios (santidad), así como de su bienaventuranza por toda la eternidad (gloria). Así pues, la gloria de Dios es, en realidad, nuestro bien temporal y eterno, y él es glorificado cuando alcanzamos la perfección espiritual.

Terminaré esta parte del texto con dos citas de Juliana de Norwich que hablan de la insondable misericordia de Dios.

> **Principio espiritual n.º 23:** En la eternidad, el pecado es nada.

> **Principio espiritual n.º 24:** Todo acabará bien, y sea lo que sea, acabará bien.

27

Tesoros y perlas

En el Evangelio de Mateo, leemos dos de los versículos más esperanzadores de toda la Escritura:

> El Reino de los Cielos es como un tesoro escondido en un campo. El hombre que lo descubre lo vuelve a esconder; su alegría es tal que va a vender todo lo que tiene y comprar ese campo. El Reino de los Cielos se parece también a un negociante que se dedicaba a buscar perlas finas; si llega a sus manos una perla de gran valor, se va, vende cuanto tiene y la compra. (Mateo 13:44-46)

La perla de este pasaje no estaba escondida como el tesoro, sino que fue encontrada por el negociante que buscaba perlas finas. En el antiguo mundo mediterráneo de la época de Jesús, la perla era considerada como los diamantes o el oro lo son hoy para nosotros. Su valor no radicaba únicamente en su costo monetario, sino que también era muy apreciada por su belleza y preciosidad. Una perla era, para los antiguos mediterráneos, lo que hoy consideraríamos «tan buena como el oro» o el «patrón oro». Tenía un valor incalculable.

A diferencia de la perla, el tesoro estaba escondido a propósito, enterrado al igual que muchos tesoros del mundo antiguo para protegerlos de ladrones y ejércitos errantes. Al contrario del negociante que buscaba perlas, el labrador encontró el tesoro por accidente. Ambas son metáforas de cómo la gente encuentra a Dios. El labrador simboliza a quienes no buscan deliberadamente el Reino de los Cielos y viven como si la muerte, el juicio, el cielo y el infierno no existieran. Sin embargo, Dios tiene un plan para ellos, y puede enviarles gracias que pueden parecer o no tesoros en ese momento, pero que se reconocen como regalos de Dios más tarde. El trabajo, la pérdida, el fracaso e incluso los sucesos catastróficos pueden ser más valiosos para nuestro bien eterno al final de nuestras vidas que la riqueza, las victorias y el éxito. Dios también puede enviar tesoros agradables como amistades, un trabajo ideal, una misión o vocación, o algún otro bien preciado. Los tesoros vienen de muchas formas, y Dios nos dará todo lo que necesitemos.

El negociante, en cambio, encontró la perla tras una búsqueda proactiva. Representa a quienes viven pensando en su final y buscan el Reino de los Cielos. Pero, tanto si somos negociantes como labradores —y puede que hayamos sido ambas cosas en distintos momentos de nuestra vida—, reconocemos que Dios tiene un plan para cada uno. El labrador estaba destinado a encontrar el tesoro del Reino de los Cielos; no ocurrió por accidente, sino por providencia. El negociante no encontró la perla solo por sus propios méritos, sino con la ayuda de Dios. Estaba destinado a encontrar la perla del Reino de los Cielos. En ambos casos, hubo una cierta unión de voluntades. El labrador quiso tener el tesoro una vez que lo encontró, porque Dios quiso que lo encontrara y lo tuviera. El negociante quiso comprar la perla una vez que la descubrió, tal como Dios quiso que la comprara. Cada uno, a su modo, llegó al destino que Dios le había dado.

A veces se dice que «el amor no es más que el interés personal iluminado». No había mayor interés personal para el labrador que haber encontrado aquel tesoro, y no había mayor interés personal para el negociante que haber comprado aquella perla; sin embargo, el mayor interés personal que podemos tener aquí abajo es buscar a Dios y el Reino de los Cielos. San Pablo afirmó: «Tengan el pensamiento puesto en las cosas celestiales y no en las de la tierra» (Colosenses 3:2). No quiere decir que debamos desentendernos de nuestras responsabilidades temporales o descuidar nuestros dones terrenales, sino que debemos dirigirnos hacia nuestro tesoro y perla supremos. «Pues donde está tu tesoro, allí estará también tu corazón» (Mateo 6:21).

El Reino de los Cielos merece y exige una respuesta firme, no a expensas de nuestros deberes de estado o responsabilidades terrenales, sino ordenándolo todo a favor de nuestra meta y destino finales. Esto exige abnegación y desprendimiento. El labrador y el negociante tuvieron que sacrificarse para conseguir el tesoro y la perla, pero en la parábola no se hace hincapié en el sacrificio y el desprendimiento. Lo que se destaca es el valor del objeto obtenido y el placer de poseerlo.

Nosotros anunciamos, como dice la Escritura, lo que nadie vio ni oyó y ni siquiera pudo pensar, aquello que Dios preparó para los que lo aman. (1 Corintios 2:9)

Tesoros y perlas

Conclusión

En las reflexiones tituladas «El cristianismo en decadencia» y «Cinco sugerencias», hablé del descenso del número de miembros de las iglesias cristianas de Occidente y de las formas en que este declive podría ralentizarse, detenerse o invertirse.

En el mundo católico, se habla con expectativas de una «nueva evangelización». Esta frase nos acompaña desde hace tiempo. El Concilio Vaticano II (1962-1965) se centró, entre otros temas, en la rápida secularización y descristianización del mundo moderno, e incluyó la palabra *evangelización* en todos sus documentos. Diez años más tarde, el papa Pablo VI publicó la exhortación apostólica «La evangelización en el mundo contemporáneo» (1975), en la que llamó a los católicos a evangelizar a aquellos a quienes nunca se les ha predicado el evangelio y a los cristianos bautizados que ya no practican su fe.

En 1978, Juan Pablo II fue elegido papa y priorizó la evangelización como eje de su pontificado. En un discurso pronunciado en una Conferencia Episcopal en Haití, llamó a una «nueva evangelización, nueva en su ardor, en sus métodos y en su expresión». Además, en «La misión del Redentor» (1990), escribió: «Preveo que ha llegado el momento de dedicar todas las fuerzas eclesiales a la nueva evangelización». También añadió un tercer grupo a los dos mencionados por el papa Pablo VI: los bautizados que tienen un gran fervor en su fe.

Benedicto XVI agregó la pieza final a esta breve narración cuando escribió que la nueva evangelización no será nueva en su contenido, que no habrá cambios en la doctrina establecida, sino solo innovaciones y ajustes en su presentación.

Tal vez la nueva evangelización se materialice gradualmente con el tiempo, pero lo cierto es que todavía no ha irrumpido en escena. Para ser justos, la Iglesia católica ha subrayado que no existe una fórmula única (papa Benedicto XVI), por lo que la nueva evangelización es, aparentemente, algo que tendrá que ser resuelto por muchas personas a lo largo del tiempo. La versión actual del *Catecismo de la Iglesia católica* se publicó en la década de los noventa y, en mi humilde opinión, es la verdad dicha con belleza.

En cuanto a las reflexiones tituladas «El cristianismo en decadencia» y «Cinco sugerencias», hay que señalar que un decrecimiento de la asistencia a las iglesias no equivale precisamente a una decadencia del cristianismo. Hay personas que no asisten a la liturgia ni a los oficios religiosos, pero que rezan, creen en Dios y viven según la fe y la moral cristianas. Se consideran cristianos y deben ser considerados como tales, por lo que quizás deberíamos añadir un cuarto grupo a los tres mencionados anteriormente: los cristianos bautizados que no van a la iglesia, pero que viven de acuerdo con la fe y la moral cristianas. Estas personas también necesitan ser evangelizadas.

El problema de la desconexión entre la Iglesia y el mundo en lo que respecta a la historia y el conocimiento, y la disonancia cultural que se deriva de ello no pueden sobrestimarse. Cómo salvar esa brecha es el principal reto al que se enfrentará el cristianismo durante el siglo XXI y, probablemente, más adelante. Cualquiera que se dedique al ministerio tendrá que enfrentarse a este reto, y cabe esperar algún tipo de innovación. La serie *Un héroe es elegido* es un intento de innovación, y ¿quién ha dicho que la nueva evangelización se limita estrictamente a la predicación desde el púlpito?

Epílogo

En la introducción, dije que cada libro es una especie de viaje, y el viaje de este libro es una metáfora del recorrido que hacemos por la vida. Este viaje comenzó en la portada y termina con la ilustración final de la página siguiente. «Huellas en el desierto» representa el cumplimiento del viaje del monje. No sabemos cómo le fue al monje, y tampoco estamos seguros de cómo terminará nuestro viaje. Solo tenemos una vida terrenal a lo largo de toda la eternidad, y este libro se escribió para inspirarnos a considerar cómo la estamos viviendo. Una vez que termine el viaje de esta vida, habrá terminado para siempre.

Concluiré con este pensamiento:

La palabra más hermosa en cualquier idioma es *sí*. Cuando decimos sí a Dios, le damos un tesoro. Si la vida es el mayor regalo de Dios, y le entregamos nuestra vida para que haga con ella lo que quiera, entonces le damos a Dios su mayor regalo para nosotros.

Espero que muchos de ustedes reflexionen sobre esto al pasar la página, por última vez.

Huellas en el desierto

Acerca del autor

El hermano Emmanuel Labrise, O. S. B., completó una licenciatura en Ciencias en el Saint Vincent College, un posgrado en la Bowling Green State University y otro en el Notre Dame Seminary. Es un monje contemplativo con más de veinte años de experiencia en la vida monástica. Pasó seis años como miembro de la Orden de los Cartujos y, desde 2009, forma parte de la Orden de San Benito. Entre otras tareas, ha enseñado en un colegio seminario, ha trabajado en el programa de formación de un seminario y ha dado conferencias en una casa de retiro. Actualmente, lleva una vida eremítica en la que sus principales actividades son la oración, la lectura, la reflexión y la escritura.

Notas y reflexiones personales:

Notas y reflexiones personales: